F

ÉLÉMENS

DE LA

SCIENCE DU DROIT,

A L'USAGE

DE TOUTES LES NATIONS ET DE TOUTES LES CLASSES
DE CITOYENS.

DEUXIÈME ÉDITION.

TOME Ier.

On trouve aussi chez Antoine BAVOUX :

CLASSIFICATION des lois administratives, depuis 1789, précédée d'un essai sur les principes et les règles de l'administration pratique, par M. *Lalouette*, un fort vol. in-4°. 15 fr.

CODE administratif pour les préfets, etc., par M. *Fleurigeon*, 1823; 6 vol. in-8°. 36 fr.

— Additions au même ouvrage, in-8°. (séparément). 8 fr.

CODE de timbre, d'enregistrement et d'hypothèque, in-8°. 9 fr.

DICTIONNAIRE de police moderne, pour toute la France, par M. *Alletz*, 2e édition, mai 1823; 4 vol. in-8°. 32 fr.

ESPRIT du Code de commerce, par M. *Locré*, 10 vol. in-8°. 50 fr.

ESPRIT du Code de procédure civile, par *le même*, 5 vol. in-8°. 30 fr.

FORMULAIRE alphabétique, ou Manuel pratique des gardes-champêtres, etc., par M. *Dufour*, 1823, in-12. 2 fr.

GUIDE des maires, des adjoints et des commissaires de police, 4e édition, in-8°. 4 fr.

INSTRUCTION donnée aux maires, par M. *Lagarde*, 6e édition, in-8°. 3 fr.

INTRODUCTION à l'étude du Code civil, par M. *Delassaulx*, in-8°. 6 fr.

JURIDICTION des maires de village, par M. *Loiseau*, 2e édition, in-12. 3 fr.

JURISPRUDENCE du Droit français, ou application des lois ou arrêts à tous les articles des cinq codes, jusqu'au 1er janvier 1822, par M. *Dufour*, 2 vol. in-12. 8 fr.

JURISPRUDENCE hypothécaire, par M. *Guichard*, 4 vol in-8°. 24 fr.

JUSTICE (de la) criminelle en France, d'après les lois permanentes, les lois d'exception et les doctrines des tribunaux, par M. *Berrenger*, in-8°. 7 fr.

LEÇONS préliminaires sur le Code pénal, ou Examen de législation criminelle, par M. *Bavoux*, 1821; 1 vol. in-8°. 8 fr.

ÉLÉMENS

DE LA

SCIENCE DU DROIT,

A L'USAGE

DE TOUTES LES NATIONS ET DE TOUTES LES CLASSES

DE CITOYENS;

Contenant les premiers principes du droit *naturel* et du droit *positif*, du droit des *gens* et du droit de *cité*, du droit *public* et du droit *privé*, enfin du droit *religieux*; suivis de notions essentielles sur le caractère des *lois*, leurs divisions et leur interprétation.

Par M. P. LEPAGE, *ancien Jurisconsulte.*

Indocti discant, et ament meminisse periti.

DEUXIÈME ÉDITION,

CONFORME A LA PREMIÈRE.

TOME PREMIER.

PARIS,

ANTOINE BAVOUX, rue Git-le-Coeur, nº 4.
AVRANSART CORDIER, rue Saint-Étienne-des-Grès.

1823.

INTRODUCTION.

L'ACCUEIL flatteur que le public a bien voulu faire à la première édition de cet ouvrage, les éloges que lui ont donnés les journaux de tous les partis, sont d'un augure favorable pour la seconde.

A une époque où les lumières sont si généralement répandues, beaucoup de personnes sont jalouses de connaître la source des devoirs qui leur sont imposés par l'ordre social, et les règles à suivre tant pour se diriger sagement, que pour apprécier la conduite d'autrui, qu'on juge souvent avec trop de légèreté.

Ces connaissances, si nécessaires à tout individu qui fait usage de sa raison, ne sont autre chose que les élémens du droit, puisqu'il enseigne ce qui est juste et injuste. Si communément on regarde cette science comme exclusivement propre à la carrière judiciaire, c'est qu'il n'y avait

aucun livre qui indiquât brièvement l'ensemble des devoirs prescrits aux citoyens
de toutes les professions, par la nature,
par les institutions humaines, et par la
morale religieuse.

Toutes ces matières, sans doute, ont
été discutées par un grand nombre d'auteurs; mais chacun n'a travaillé que sur
quelques - unes séparément, et presque
tous l'ont fait très-longuement, ainsi que
sous l'influence des préjugés de leurs
siècles. On n'a guère le temps de feuilleter
de si volumineux traités, pour n'y prendre
que ce qui est applicable à l'état actuel
de la civilisation.

Quiconque ne veut pas approfondir les
questions controversées sur les différentes
sortes de devoirs sociaux, et n'a besoin que
des principes fondamentaux, les trouvera
tous réunis dans les *Élémens* que je publie,
les seuls qui présentent la nomenclature
entière des diverses parties de la science
du droit; ce qui en fait un ouvrage unique. Il renferme tout ce qu'il y a d'utile

à savoir dans ce genre, quel que soit le rang qu'on occupe dans la société, et l'état qu'on y exerce.

Pour se faire une idée de l'intérêt qu'offrent ces Élémens à tout être raisonnable des deux sexes, de toutes les classes et de toutes les nations, qu'on jette les yeux sur le tableau figuré à la suite de cette Introduction, on sera convaincu en un instant, qu'il n'existe nulle part un abrégé plus complet de ce que tout le monde doit essentiellement apprendre, pour le parfait accomplissement des devoirs de toute espèce.

Je dois répondre ici au seul reproche qui m'ait été adressé; c'est de n'avoir pas cité un seul des écrivains célèbres dont j'ai embrassé les opinions.

D'abord ce n'est qu'à l'aide de la raison et de la conscience, que l'homme peut bien sentir la nécessité qu'il y a, pour son propre avantage, de satisfaire à tous ses devoirs. Quand sa conviction vient de lui-même, il est plus fortement attaché aux principes de justice, que s'il les adoptait seulement de confiance, sur la foi de quelques citations. Entraîné par l'autorité d'un grand nom, le lecteur porte moins d'attention à la démonstration dont on veut éclairer son esprit.

En second lieu, il eût été facile, sur beaucoup de propositions, de m'opposer des auteurs contraires à ceux dont j'aurais emprunté le témoignage. De là seraient venues des dissertations, pour prévenir les objections ; ce qui ne m'aurait pas permis d'être tout à la fois bref et clair. Au plaisir de paraître érudit, j'ai préféré m'adresser uniquement à la raison publique ; elle ne se trompe jamais dans les matières où il ne faut que du bon sens et de la bonne foi.

N. B. Quelques fautes d'impression nous seront sans doute échappées ; nous avons cru inutile de les relever, persuadés que l'intelligence du lecteur y suppléera aisément.

PLAN

ET

DIVISION DE L'OUVRAGE.

LE droit est une science par laquelle on reconnaît les devoirs auxquels est assujetti l'homme social, tant dans le for intérieur que dans le for extérieur. Les devoirs qui se bornent à des actes extérieurs, et qui seuls peuvent être exigés par les autorités humaines, composent le droit enseigné dans les universités; mais je me propose de donner les éléments non-seulement de cette espèce de droit, mais encore de celle qui s'étend aux devoirs imposés seulement par la conscience, et dont l'infraction ne peut pas être soumise aux tribunaux humains. L'une apprend à ne point troubler l'ordre social : l'autre enseigne le moyen d'être en paix avec soi-même comme avec autrui ; en un mot, à vivre honnêtement et à devenir estimable.

Il ne faut pas néanmoins confondre la science du droit, prise dans toute son étendue, avec celle de la morale : elles ont toutes deux pour objet de nous porter à l'accomplissement de tous nos devoirs; mais le droit tend à nous y contraindre, en nous montrant une puissance terrestre qui punit ou récompense; tandis que la morale se contente d'exhorter, en présentant à chaque individu le bonheur ou le malheur, selon qu'il est probe ou non, et en lui faisant voir l'estime ou le mépris de ses semblables, comme résultat de sa bonne ou de sa mauvaise conduite. Elle peut aussi nous parler d'un être suprême qui, tôt ou tard, punit les méchants et récompense les bons : on l'appèle alors morale religieuse. Par le droit, on examine si une action est permise ou défendue; par la morale, on décide si l'auteur d'une action est digne de louange ou de blâme ; l'un pèse les actions, l'autre juge les personnes.

Ce n'est pas qu'en droit on ne soit pas souvent obligé de prendre en considération les intentions, et qu'en morale on ne soit quelquefois dans le cas d'apprécier les actions, abstraction faite des personnes. Ces deux sciences sont trop rapprochées l'une de l'autre pour ne pas se toucher dans beaucoup de points. Néanmoins elles ont chacune un caractère qui leur est propre. Le droit envisage les actions par rapport à la réparation des torts causés à autrui ; la morale fixe le degré de louange ou de blâme que mérite chaque individu, moins à cause de l'effet réel de son action, que d'après le bien ou le mal qu'il a eu l'intention de faire. A la violence de nos passions, le droit oppose la force ; la morale cherche à les vaincre par l'habitude d'une bonne conduite.

Ces premières idées qui recevront du

développement dans la suite, suffisent pour indiquer l'objet essentiel de cet ouvrage. Consacré particulièrement à la science du droit, il fait connaître les devoirs que l'ordre social nous impose. Ils ne sont pas tous de la même espèce, ni de la même importance, et ils diffèrent selon l'autorité qui les prescrit. La science qui les enseigne a donc différentes branches qu'il ne faut pas confondre.

Les premières connaissances qu'on doit acquérir pour bien sentir chaque espèce de devoirs, sont celles qu'indiquent les sources diverses d'où ils viènent; sans ce préalable, il n'existe aucun moyen sûr de se diriger, et l'accomplissement des devoirs n'est plus que routine, au lieu d'être le fruit de la réflexion qui fait tout le mérite de la vertu. Souvent même il arrive qu'on manque de force dans certaines circonstances, pour rester dans la bonne voie, lorsque, privé de principes fondamentaux, on ne peut opposer à l'intérêt du moment qu'un

train de vie régulière, qu'on a pris sans savoir les motifs qui doivent y faire tenir
imperturbablement.

S'il y a différentes sources d'où viènent
nos devoirs, on conçoit aussi qu'ils ne sont
pas les mêmes pour tous les individus. Chacun a les siens particuliers, selon la place
qu'il occupe, et selon les relations qu'il a
avec ses semblables. Delà suit la nécessité de bien connaître les différences établies entre les personnes dans l'ordre social.

Les biens, c'est-à-dire les choses qui
sont à l'usage des hommes, sont les principaux objets des rapports que les personnes
ont entr'elles. Il est donc important de savoir ce qui caractérise les différentes sortes
de biens, et les moyens de s'en procurer la
jouissance.

Des rapports qu'ont les personnes entr'elles, naissent les obligations qu'elles

contractent les unes envers les autres. Il faut donc pareillement s'instruire des règles qui concernent les obligations ou engagemens.

Enfin, puisque de la vie sociale il résulte des devoirs, il faut des moyens pour contraindre à les remplir. Ces moyens, en terme de droit, se nomment actions juridiques, parce qu'on fait agir l'autorité pour obtenir justice.

Ainsi, toute la science du droit se divise en cinq parties principales, dont la première traite des différentes sources du droit, la seconde des personnes, la troisième des choses, la quatrième des obligations, et la dernière des actions juridiques.

Je me contente aujourd'hui de publier des élémens sur les différentes sources du droit, parce que cette partie qui est une introduction essentielle à toutes les autres, peut en être séparée sans inconvénient. Elle forme à elle seule un corps de doctrine nécessaire à toutes les classes de la société.

Pour comprendre la distribution des matières que je veux traiter, il faut savoir que le droit qui fait connaître les devoirs imposés aux hommes, est véritablement la science du juste et de l'injuste, *justi at que injusti scientia*, disent les jurisconsultes romains aux *institutes* §. 1er ; c'est-à-dire que cette science nous apprend si une action est conforme ou non à la justice.

Toute action est juste quand elle n'est pas contraire à nos devoirs, et elle est injuste quand elle leur est opposée.

Nos devoirs nous sont prescrits, ou par la nature elle-même, ou par les institutions humaines. La science qui sert à régler nos actions d'après les devoirs que la nature impose, se nomme le *droit naturel*. On appèle *droit positif* la science qui apprend en quoi consistent les devoirs prescrits par les institutions humaines.

De ces deux sortes de droit dont l'une est seulement le complément de l'autre, naissent des règles de conduite qui s'appliquent ou aux relations des nations entr'elles, ou aux relations qu'ont entr'eux les membres d'une même nation. Dans le premier cas, les règles à suivre pour pratiquer la justice, forment le *droit des gens* appelé par les Romains *jus gentium*. Dans le second cas, elles constituent le *droit de cité*, en latin *jus civitatis*.

Cette dernière espèce de droit se divise en deux branches ; l'une embrasse tout ce qui concerne l'organisation du corps social d'une nation, et prend spécialement le nom de *droit public*. A l'autre branche du droit de cité appartiènent tous les rapports établis entre les membres d'une même nation pour leurs intérêts particuliers; elle forme ce qu'on appèle le *droit privé*.

Les institutions humaines prescrivent des devoirs qui se bornent à des actes extérieurs; mais il est des devoirs qui ne sont imposés que par la conscience. D'ailleurs l'accomplissement des devoirs extérieurs n'est bien assuré que quand chaque individu s'y croit obligé dans le for intérieur. Le moyen le plus usité de commander à la conscience, est de lui parler au nom de la divinité. De là, sont nées les religions pour forcer les hommes d'une manière plus certaine à pratiquer la justice. Toute religion peut donc être considérée comme une autre source de devoirs; ils forment le *droit religieux*.

Dans toutes les diverses espèces de droit, nos devoirs sont tracés par des préceptes auxquels on donne le nom de *Lois*.

Cet exposé indique tous les objets expliqués dans cet ouvrage, qui est divisé en neuf chapitres où il est parlé successive-ment ;

1°. DE LA JUSTICE ET DE L'INJUSTICE,
2°. DU DROIT NATUREL.
3°. DU DROIT POSITIF.
4°. DU DROIT DES GENS.
5°. DU DROIT DE CITÉ.
6°. DU DROIT PUBLIC.
7°. DU DROIT PRIVÉ.
8°. DU DROIT RELIGIEUX.
9°. DES LOIS.

———

ÉLÉMENTS

DE

LA SCIENCE DU DROIT,

A L'USAGE DE TOUTES LES NATIONS

ET DE TOUTES LES CLASSES DE CITOYENS.

CHAPITRE PREMIER.

DE LA JUSTICE ET DE L'INJUSTICE.

Trois articles expliqueront, l'un ce que l'on entend par justice et injustice ; le second, en quoi consiste la justice dans le for intérieur ; et le dernier, ce que c'est que la justice dans le for extérieur.

ARTICLE PREMIER.

De la justice et de l'injustice.

Suivant les moralistes, la justice consiste dans l'habitude où l'on est de faire le bien : c'est la vertu de l'homme qui est constamment attaché à ses devoirs, et qui, pour cela, mérite le titre de juste.

Plus étroitement , on appèle *justice*, la conformité de nos actions avec nos devoirs.

Ces deux définitions diffèrent en ce que la vertu de la justice , supose une volonté constante de bonne conduite, accompagnée d'une pratique non interrompue ; tandis que la justice étroite, et pour ainsi dire partielle , ne considère pas la disposition habituelle de celui qui agit ; elle se contente de comparer chaque action séparément, avec la règle qui la permet ou la défend. Cette sorte de justice est la seule que puisse exercer l'autorité humaine : l'autre n'est que du ressort de la conscience. Rendre justice par les magistrats , c'est donc en quelque sorte peser chaque action séparément , pour reconnaître si elle est conforme ou contraire à nos devoirs. Voilà pourquoi la justice est représentée une balance à la main. Ainsi, celui qui n'a pas une intention habituelle de bien faire, n'est assurément pas en morale un homme juste ; cependant il peut être l'auteur d'actions conformes à ses devoirs : en les faisant, il a observé la justice qu'exigent les tribunaux.

De ces deux définitions de la justice, la dernière seulement convient à la science du droit qui apprend uniquement à discerner les actions conformes ou contraires à nos devoirs, sans examiner si les personnes à qui elles sont attribuées, sont dans l'habitude du bien ou du mal. Dans ses Institutes, *liv. I. tit. I*, l'empereur Justinien dit pourtant que la justice est la volonté constante de rendre à chacun ce qui lui appartient : *Justitia est constans ac perpetua voluntas jus suum cuique tribuere*. Je ne peux pas admettre cette définition, parce que la constante volonté n'est exigée qu'en morale, où l'on ne connaît d'homme juste, que celui qui s'applique sans cesse à faire tout le bien qu'il peut. En droit, on ne considère pas l'état habituel de l'âme ; on mesure chaque action séparément, pour savoir si elle s'accorde avec les devoirs qui s'y rapportent.

Au reste, Justinien rentre aussitôt dans les termes du droit positif, qui se borne à l'observation de nos devoirs envers nos semblables. *Jus suum cuique tribuere* ; et il ne parle pas des devoirs envers Dieu et envers soi-même. Cette restriction était convenable au droit établi par les hommes ; car dans cette partie de la science, par justice on entend seulement la conformité de nos actions avec nos devoirs envers autrui. En effet, l'observation des devoirs envers Dieu, est appelée *piété*, comme l'observation des devoirs envers soi-même est appelée *tempérance*. Ces deux sortes de devoirs ne sont prescrits que par la conscience, et ne sont pas soumis aux autorités humaines.

J'écarte la première partie de la définition de l'empereur Justinien, parce qu'elle suppose une volonté constante de faire le bien, et qu'en droit, il s'agit seulement de peser chaque action. La seconde partie de sa définition ne me convient pas davantage, parce que je veux parler de nos devoirs, tant dans le for intérieur, que dans le for extérieur, et par conséquent de ceux que nous avons à remplir, soit envers l'être suprême, soit envers nous-mêmes, soit envers nos semblables.

Ainsi, nous dirons que la justice, telle qu'elle doit être considérée dans ce traité, est la conformité de nos actions avec les devoirs qui nous sont imposés, tant par la nature que par les institutions humaines. Par conséquent, il y a injustice toutes les fois qu'une action blesse quelqu'une des règles prescrites par le droit que les hommes ont établi.

Il doit résulter de cette définition, qu'en droit, pour juger si une action est juste ou injuste, il n'est pas besoin de connaître dans quelle intention elle a été produite. Il est possible qu'on soit dans l'ignorance, et que l'action qu'on se permet, quoiqu'on la croye mauvaise, ne soit pas défendue. Pareillement, on peut troubler l'ordre social, par une action qu'on croit permise. Dans l'un et l'autre cas, les deux actions sont appréciées en droit, ce qu'elles valent par elles-mêmes, indépendamment de l'intention. La première est appelée juste, quoique son auteur ait eu la volonté de faire mal; et la seconde est taxée d'injustice, quoique celui qui l'a commise ait cru bien agir.

De ce que toute action en elle-même peut être juste ou injuste, indépendamment de l'intention, il ne faut pas conclure qu'il soit indifférent de connaître le motif de celui qui l'a produite; car il est des cas où, après avoir décidé que telle action est juste ou injuste, il faut en outre examiner, si celui à qui elle est imputée, mérite récompense ou punition. Or, ce n'est que sur son intention qu'on peut le louer ou le blâmer. Autre chose est de peser l'action , et autre chose est de prononcer sur celui par qui elle a été produite. En morale , on ne s'occupe que de l'intention de la personne qui agit; c'est subordonnément qu'on examine l'action en elle-même. Dans le droit, on fait les deux opérations : on pèse toujours les actions , et quelquefois on en pénètre l'intention. De-là il suit que, pour réussir dans le droit, il faut avoir des connaissances en morale ; tandis qu'on peut être savant moraliste , sans posséder la science du droit.

Au reste, dans la morale comme dans le droit, il y a des devoirs dont l'accomplissement est exigé par les institutions humaines, et d'autres qui sont restés simplement dans le domaine du for intérieur. Par exemple, l'obligation de livrer une chose que l'on a vendue, n'est pas seulement imposée par la conscience; elle est en outre du ressort des tribunaux humains. Elle est par conséquent un devoir prescrit à la fois, et dans le for intérieur et dans le for extérieur. Mais l'obligation de faire tout le bien que l'on peut, n'est imposée que dans le for intérieur. Ainsi, la justice, comme nous l'avons définie, étant la conformité de nos actions avec nos devoirs, il convient de la con-

sidérer par rapport aux deux sortes d'autorités
qui les imposent, le for intérieur et le for extérieur.

ARTICLE II.

De la justice dans le for intérieur.

Un premier paragraphe dira ce qu'on entend par justice et injustice dans le for intérieur; un second expliquera par quels moyens les hommes sont portés à observer cette sorte de justice.

§ Ier.

En quoi consiste la justice dans le for intérieur.

Le for intérieur, *forum internum*, est le
tribunal de la conscience. Ainsi, s'acquitter
de tous les devoirs prescrits par la conscience,
par ce sentiment commun à tous les hommes,
et qui leur fait distinguer le bien et le mal,
c'est pratiquer la justice dans le for intérieur.
L'autorité qui préside à ce tribunal, est celle
qui nous signale d'avance comme bonnes ou
mauvaises, les actions que nous projetons, et

qui nous force à approuver ou à blâmer nous-mêmes celles qui ont été mises à exécution.

La conscience exerce sa critique sur toute notre conduite ; par conséquent elle nous avertit que, même pour observer la justice intérieure, nous devons accomplir aussi les devoirs prescrits légitimement par les autorités humaines. Quiconque est juste selon le for intérieur, est donc nécessairement fidèle aussi à tous les devoirs exigés de lui à l'extérieur ; il pratique la justice d'une manière parfaite. Ceux, au contraire, qui se bornent aux devoirs que commande l'autorité humaine, usent d'une justice imparfaite. En droit, ils ne sont point blâmables ; mais, en morale, ils sont méprisables, puisqu'ils n'agissent que par la crainte des tribunaux, et qu'ils n'écoutent pas la voix de la conscience, qui seule dirige l'homme vraiment digne d'estime.

Le débiteur d'une rente n'en a servi régulièrement les arrérages pendant plusieurs années, que parce qu'il craignait la saisie de ses biens. Par la suite, il apprend que, par accident, le titre de la rente est anéanti dans les mains de son créancier ; n'ayant plus à craindre d'y être forcé, il ne veut plus rien payer. Le motif de sa soumission, tant qu'il a satifait à la rente, n'a rien de louable, et son refus de la continuer est coupable. Ce refus paraît pourtant conforme à la justice humaine, qui ne peut le condamner, faute de titre ; mais il est évidemment contraire à la justice du for intérieur, et réprouvé par la probité.

Il suffit de savoir ce qu'on entend par justice intérieure, pour sentir ce que c'est que l'injustice qui lui est opposée. Elle consiste en des actions contraires aux devoirs prescrits par la conscience, lors même qu'ils ne sont pas du ressort de l'autorité humaine.

Tout ce qui est ordonné par cette dernière autorité devant être observé, comme on l'a dit, sous peine de violer ce que commande la conscience, il en résulte que toute action condamnée par la justice des hommes, est également une injustice dans le for intérieur. Il n'y a pas réciprocité ; plusieurs devoirs prescrits par la conscience, tels que ceux qui consistent à secourir les pauvres, à protéger les faibles, n'étant pas exigés par l'autorité humaine, les personnes qui y manquent ne blessent que la justice intérieure, et ne peuvent pas être traduites devant les tribunaux pour cette mauvaise conduite.

Quelques docteurs appèlent fautes de conscience celles qui ne peuvent jamais être du ressort des autorités humaines, et nomment injustices dans le for intérieur, celles qui blessent des devoirs dont les autorités humaines ont cessé, par quelques circonstances, d'avoir la connaissance. Par exemple, le refus que fait un riche de consacrer son superflu au soulagement des indigents, est une faute de conscience, parce que ceux-ci n'ont pas le droit d'invoquer l'autorité d'un tribunal, pour forcer qui que ce soit à leur donner des secours. Les mêmes docteurs citent l'exemple d'un ouvrier qui a laissé passer le temps de la prescription, avant que de demander le prix de son travail. Si, pour le payer, on lui oppose son trop long silence, on ne blesse pas la justice humaine, qui approuve un pareil refus; mais, disent-ils, on commet une injustice dans le for intérieur, parce que le prix de l'ouvrage peut être légitimement réclamé.

Cette distinction des devoirs de la con-

science en deux classes, me paraît plus subtile
que fondée. La conscience ne commande pas
moins ces deux sortes de devoirs, et on n'en a
pas moins résisté à la voix intérieure, quand
on a négligé les uns ou les autres. Est il raisonnable qu'un devoir, imposé par la nature,
devienne plus ou moins obligatoire, selon que
les hommes, dans leurs institutions, y ont
mis plus ou moins d'importance? Il s'ensuivrait que l'inobservation du même devoir
dans des pays différemment organisés, n'occasionnerait dans l'un qu'une faute de conscience, tandis qu'ailleurs elle serait une injustice formelle du for intérieur. Ce que la
nature commande, oblige également chez
toutes les nations, dans tous les temps, et tous
les individus. Je crois donc plus simple et plus
conforme aux vrais principes, de regarder
comme injustice du for intérieur, tout ce qui
est contraire aux devoirs imposés par la conscience, sans examiner comment ils ont été
pris en considération par les institutions humaines.

§ II.

Quelle autorité commande dans le for intérieur ?

Plus les hommes pratiquent les devoirs du for intérieur avec constance, plus sont certains les avantages qu'ils trouveront dans leurs relations avec leurs semblables. Celui qui s'applique à mériter la confiance d'autrui, obtient ordinairement plus de succès dans ses entreprises, que celui qui agit sans désirer aucune approbation. La bonne conduite est donc la source du véritable bonheur : il n'existe jamais pour ceux qui ne suivent pas les impulsions de leur conscience, et qui, par conséquent, ne recherchent pas l'estime de leurs semblables.

Beaucoup de personnes, il est vrai, sont portées à la justice intérieure par leur religion ; mais, malheureusement, ni la crainte des peines après la mort, ni l'espoir des récompenses promises dans l'autre vie, ne sont, pour le plus grand nombre, un frein suffisant. D'ailleurs, les instructions verbales et les ouvrages propres à enseigner les préceptes religieux, deviènent inutiles à la plupart de ceux à qui ils sont le plus nécessaires ; parce qu'on y parle trop souvent un langage dogmatique et figuré qu'ils ne comprènent pas. A l'égard de ceux qui, soit par dissipation, soit par indifférence, soit par système, ne pratiquent rien de la religion où ils ont été élevés, il est évident qu'ils ne peuvent pas profiter de prédications qu'ils ne vont pas entendre, ni de livres qu'ils n'ouvrent pas. Cependant, faut-il laisser tant de personnes sans secours moral ? N'est-il pas de l'intérêt public d'instituer des moyens d'instruction à la portée des hommes les moins intelligents, et agréables à tous ? Quand on gouverne des malades, n'est-on pas obligé de chercher à vaincre, soit la répugnance, soit les obstacles qui les empêchent de prendre des médicaments ou l'espèce de nourriture qui leur est prescrite ? Heureusement que la méthode de l'enseignement mutuel se propage. Puisse arriver bientôt le temps où l'instruction sera mise à la portée des membres les plus pauvres de la société !

A ce bienfait, qui est aussi précieux à l'humanité que celui de la vaccine, il est nécessaire d'en joindre un autre, sans lequel il n'aurait pas tous les effets qu'on se propose ; c'est de publier des écrits, et de faire des exhortations qui conviènent à toutes les classes du peuple et à toutes les croyances religieuses. On n'y dirait rien de mystique ; on y prouverait particulièrement qu'en remplissant exactement tous les devoirs, même ceux du for intérieur, on trouve nécessairement une première récompense dans ce monde, indépendamment de celle promise dans l'autre. On y démontrerait que celui qui refuse d'écouter sa conscience, en est infailliblement puni sur la terre, sans compter les châtiments qui lui seront infligés après sa mort. On présenterait en même temps le tableau consolant de ceux qui ne doivent leurs richesses, ou tout autre avantage dont ils jouissent, qu'à leur constante probité. D'un autre côté, on montrerait les effets funestes que produit tôt ou tard la mauvaise conduite, et comment l'homme injuste finit par être la victime de ses propres vices. Des exemples pour de pareilles peintures ne manqueraient pas ; et si elles étaient bien faites, si elles étaient proportionnées à l'intelligence de ceux qu'il s'agit d'instruire, ils en seraient d'autant plus touchés, qu'ils attachent ordinairement plus de prix aux jouissances terrestres. En un mot, aux établisse-

ments religieux, qui sont loin d'être fréquentés
par tous ceux qui, n'ayant pas une raison assez
éclairée, ont besoin d'être dirigés dans le
sentier de la justice, je désirerais qu'on ajoutât
des institutions civiles, qui seraient propres à
tous les citoyens, de quelque condition et de
quelque religion qu'ils fussent. Je voudrais
qu'on s'y proposât principalement de démontrer que le véritable intérêt des hommes en
société est de pratiquer la justice selon le for
intérieur. Les ornements que peuvent com-
porter une composition et un style simples,
la clarté des propositions, l'évidence des démonstrations, rendraient la morale agréable et
intelligible même aux esprits les plus bornés.
Combien serait recherché ce nouveau genre
d'instruction, qui n'enseignerait que des vérités faciles à comprendre ; qui parlerait beaucoup des jouissances à se procurer et des
maux à éviter dans la vie présente, en attendant les récompenses ou les punitions dans la
vie future ; enfin, qui tracerait à chacun la
conduite qu'il doit tenir, pour obtenir, sur la
terre, la portion de bonheur qui lui convient
selon son âge et son état, indépendamment de
ce qu'il peut craindre ou espérer après sa
mort.

ARTICLE III.

De la justice dans le for extérieur.

En quoi consiste cette espèce de justice, comment elle est distributive, comment elle est commutative ; tels sont les objets qu'on va expliquer dans les trois paragraphes suivants.

§ Ier.

En quoi consiste la justice dans le for extérieur.

On appèle for extérieur, *forum externum*, l'autorité que les hommes exercent pour le maintien de l'ordre social. Par conséquent, la justice, selon le for extérieur, consiste dans la conformité de nos actions avec ce qui est prescrit par les institutions humaines.

Ceux qui, en obéissant aux devoirs du for extérieur, suivent en même temps l'impulsion de leur conscience, exercent la justice d'une manière parfaite. Il n'en est pas de même de l'homme qui ne satisfait au for extérieur que par la crainte d'y être contraint ; il n'exerce qu'une justice imparfaite, et n'est pas estimable , quoique les tribunaux ne puissent pas condamner sa conduite.

Tous les hommes sont portés naturellement à observer la justice dans toute son étendue ; ils ne s'écartent de la route que leur trace leur conscience , que pour céder accidentellement à une passion , et ils reviènent dans la bonne voie toutes les fois qu'il ne s'agit pas de l'objet qui les en a détournés. Des personnes habituellement justes , même dans les circonstances où elles n'auraient aucune contrainte à redouter , s'aveuglent quelquefois au point de méconnaître un devoir évident. Pareillement , tel homme qui ne se fait aucun scrupule de dédaigner , quand il le peut impunément , ce qui lui est prescrit de plus sacré , cède assez fréquemment aux mouvemens de sa conscience , lorsqu'aucun intérêt n'y met obstacle.

Cette bizarrerie de l'esprit humain , prouve que , pour le maintien de l'ordre social , il est nécessaire, dans la pratique du droit , de peser chaque action isolément. La conduite passée d'un individu , est un garant insuffisant pour assurer qu'il agira toujours d'après ses devoirs : l'habitude où il est de les remplir, fait présumer qu'il ne s'en écartera pas; mais on ne peut avoir aucune certitude absolue de la bonté de ses actions pour l'avenir.

Au reste, l'autorité humaine se borne à exiger l'accomplissement des devoirs, selon le for extérieur, c'est-à-dire, de ceux qui consistent à faire les actions qu'elle prescrit pour le maintien de l'ordre social, à s'abstenir des actions qui le troubleraient. C'est à cette seule manière d'être juste, qu'elle peut contraindre. J'ai pris à bail une maison, et j'en paye exactement le loyer; je rends un fidèle compte des objets qui m'ont été confiés; je n'offense personne ni par des paroles, ni par des actions : alors je me conforme à la justice du for extérieur; car si je tenais une conduite contraire, je serais dénoncé aux magistrats, et condamné à réparer les torts qu'aurait causés l'inobservation de mes devoirs. J'abuse de ma santé par l'excès des plaisirs; je suis sourd à la voix du malheureux que j'ai le moyen de secourir; je porte envie aux talents que je ne peux égaler; je ne blesse pas la justice du for extérieur, parce que l'autorité des hommes n'a pas le droit de me forcer à être tempérant, ni charitable, ni content du succès de mes rivaux.

Quand on connaît en quoi consiste la justice dans le for extérieur, il est facile de comprendre quelle espèce d'injustice lui est opposée : elle est produite par des actions que l'autorité humaine peut réprimer ; celles seulement qui tendent à troubler l'ordre social. Si, après avoir emprunté une somme d'argent, on refuse de la rendre à l'époque convenue ; si on s'empare frauduleusement de ce qui appartient à autrui ; si on attente à la vie de quelqu'un, on commet des actions injustes, selon le for extérieur ; car on peut être forcé par les tribunaux, soit à payer la dette, soit à restituer la chose volée, soit à réparer le tort causé par la blessure ou la mort de la personne attaquée, indépendamment de la peine encourue pour le vol ou la violence.

On a déjà eu occasion d'observer qu'on est tenu, en conscience, de se conformer à ce que prescrivent les autorités humaines. Néanmoins il est des règles qu'elles ont faites, et dont l'inobservation n'est pas toujours une faute dans la conscience. Par exemple, les formes à suivre pour que certains actes soient valables, ne peuvent pas être indiquées par la simple raison. Si donc, pour n'avoir pas rempli une formalité, je suis déclaré non recevable à vous demander une somme d'argent que vous me devez réellement, je me trouve avoir contrevenu à la règle du for extérieur ; mais je n'ai rien à me reprocher dans le for intérieur ; au contraire, suivant le droit naturel, vous restez mon débiteur ; et, si vous écoutez votre conscience, vous devez vous acquitter envers moi, quoique le tribunal n'ait pas accueilli ma réclamation. En ne suivant pas la forme prescrite, pourquoi n'ai-je pas commis une injustice dans le for intérieur ? c'est que la formalité que j'ai négligée n'était pas un devoir qui me fût imposé ; c'était une simple faculté dont j'étais libre d'user, si je voulais obtenir le moyen de vous contraindre au payement de ma créance.

§ II.

De la justice distributive.

En pesant les actions pour reconnaître si elles sont ou non conformes à nos devoirs, la justice s'éclaire ; mais c'est pour mieux arriver à son but, qui est de rendre à chacun ce qui lui est dû. Voilà pourquoi la balance, qu'on donne pour attribut à la justice, est accompagnée d'un sceptre, signe de la puissance. Pour que chacun obtiène ce qui lui appartient, il faut quelquefois, après avoir pesé l'action, considérer soit la personne, soit l'intention ; c'est alors qu'on exerce une justice *distributive*. Dans d'autres circonstances, on ne s'occupe ni de l'intention, ni de la personne, mais seulement de l'effet que doit avoir l'action, pour que chacun obtiène ce qui lui revient. Dans ce cas, on use de la justice *commutative* : nous en parlerons au paragraphe suivant.

S'agit-il de récompenser ou de punir ? on a recours nécessairement à la justice distributive : car il ne suffit pas que l'action soit reconnue bonne ou mauvaise ; il faut apprécier ce que mérite, d'après son intention ou sa qualité, celui qu'on veut juger. Un pêcheur, ne songeant qu'à se procurer du poisson, amène, dans son filet, le corps d'un homme noyé, qu'on parvient ensuite à rappeler à la vie. Cet heureux événement, arrivé sans intention de la part du pêcheur, ne lui attribue ni récompense, ni éloge ; tandis qu'on ne peut trop admirer et récompenser le courageux dévouement de ceux qui bravent la tempête ou les flammes, pour sauver des victimes prêtes à périr. Sur un grand chemin, un particulier est arrêté par des brigands ; à ses cris, la gendarmerie arrive et le délivre. Cette action n'exige pas de récompense ; les gendarmes ont fait leur service. On ne dirait pas la même chose d'un passant qui, sans armes, sans calculer le danger, serait venu au secours de la personne attaquée, et l'aurait aidée à repousser les brigands. Une action aussi généreuse n'était pas d'obligation: elle mérite donc éloge et récompense.

Un enfant ou un insensé, qui, même par colère, blesse quelqu'un avec une arme, n'est pas criminel, puisqu'il ne sait pas ce qu'il fait. Ceux qui ont laissé une arme à la disposition de cet individu privé de raison, sont les seuls coupables. Cependant, s'ils n'ont pas eu cette imprudence avec mauvaise intention, ils ne sont pas punissables ; ils doivent seulement réparer le tort qu'ils ont causé involontairement.

Par ces exemples, on voit comment, pour

décerner les récompenses et les peines, la justice qu'on exerce est distributive, parce qu'elle est répartie à chacun, en raison de ce qu'il a mérité.

Il y a des cas où, s'agissant d'attribuer à chacun le sien, sans chercher ni à récompenser, ni à punir, on doit se déterminer par les qualités des personnes, abstraction faite de l'intention : c'est encore la justice distributive que l'on administre. Telles sont, par exemple, les affaires relatives aux successions, aux donations, et à ceux des contrats où l'une des parties seulement s'engage envers l'autre, sans qu'il y ait réciprocité. La morale alors ne sert plus ; on ne veut ni louer, ni blâmer, tout est de droit. Plusieurs personnes se présentent-elles pour recueillir une succession ? c'est d'après les qualités des prétendants, qu'on doit décider, selon les degrés de parenté, en suivant, pour le partage, les proportions indiquées par la loi. Il n'y a pas à examiner le mérite d'une action imputée aux divers héritiers réclamants. Pareillement, s'agit-il de la validité d'une donation entre-vifs ou testamentaire ? il faut connaître les qualités des personnes, pour s'assurer qu'elles sont capables, l'une de donner, l'autre de recevoir. Si la donation est déclarée bonne, elle aura son effet, suivant les proportions déterminées par le donateur, qui, lui-même, est forcé de se renfermer dans les bornes que la loi a mises à sa libéralité. La décision ne dépendra pas de la conduite bonne ou mauvaise des parties. Un fondé de pouvoir rend compte de son mandat ; en examinant s'il en a fait un usage convenable, on aura égard à son âge, à son intelligence, relativement à la gestion dont on a voulu le charger, aux événements qui ont pu influer sur l'exécution du mandat.

Il est facile de voir que, dans tous les cas dont on vient de parler, et les semblables, on ne peut rendre justice qu'en faisant deux opérations : l'une consiste à peser l'action en elle-même, afin de s'assurer qu'elle est ou non conforme aux devoirs de celui qu'il faut juger. Par la seconde opération, l'intention ou la qualité de la personne sont appréciées, pour conclure qu'elle mérite, soit récompense, soit punition, ou qu'il faut, soit lui accorder, soit lui refuser ce qu'elle demande. C'est le concours de ces deux opérations qui caractérise la justice distributive.

Nous avons dit que le droit et la morale sont deux sciences séparées, quoiqu'elles se touchent en certains points. On peut remarquer ici ce qu'elles ont de commun, et en quoi elles diffèrent. L'objet unique du droit est de juger si les actions blessent les devoirs du for extérieur. Voilà pourquoi les autorités humaines, qui ne peuvent suivre que le droit, refusent de prononcer sur les actions commises avec la plus mauvaise intention, si elles n'ont causé aucun trouble, aucun préjudice. La morale, au contraire, ayant pour but de dispenser l'estime ou le mépris, condamne toute action commise avec la volonté de nuire, quand même elle ne serait pas injuste, et quoiqu'elle ait eu un résultat heureux. On est coupable en morale toutes les fois que l'on agit avec l'intention de blesser un devoir, fût-on dans l'erreur en prenant pour devoir ce qui n'en est pas un, et eût-on fait du bien au lieu du mal qu'on voulait causer. Dans la pratique du droit, il faut de la morale pour rendre la justice distributive ; tandis qu'en morale on ne fait pas usage du droit.

De tout ce qu'on vient de dire, il suit que les moralistes n'observent que la justice distributive, et que les jurisconsultes ne s'en servent que pour décerner des récompenses ou des peines, ou bien quand, pour attribuer à chacun ce qui lui appartient, ils doivent considérer la qualité des personnes.

§ III.

De la justice commutative.

Dans tous les engagements où chacune des parties s'oblige à quelque chose envers l'autre, l'objet essentiel est que chacune doit recevoir l'équivalent de ce qu'elle promet. Ce sont des échanges d'intérêts, où doit être maintenue, autant qu'il est possible, l'égalité entre ce qui est donné d'une part, et ce qui est reçu de l'autre. La justice qu'il faut observer alors est appelée *commutative*. Ce mot vient du latin *commutare*, qui signifie échanger. Dans ces sortes de contrats, il n'y a plus à considérer, ni l'intention, ni les qualités des personnes, mais uniquement la valeur des choses promises respectivement. La justice commutative ne convient donc que quand l'engagement est réciproque et égal de part et d'autre, afin que l'échange qu'il contient soit le plus équitable. Si l'on avait à juger une personne accusée

d'un crime, et ensuite une contestation relative, par exemple, à un contrat de vente, on
sentirait facilement comment on devrait user de
la justice distributive, pour décider s'il y aurait
lieu à infliger une peine à l'accusé, puisqu'il
faudrait considérer l'intention ; et comment,
pour prononcer entre le vendeur et l'acqué-
reur, il s'agirait d'exercer la justice commutative, afin que chacun reçût la valeur de ce
qu'il a promis, sans avoir égard à l'intention.

On conçoit la différence qu'il y a entre la
manière de juger les contrats qui engagent
également de part et d'autre, comme dans la
vente, le louage, l'échange ; et la manière
qu'on emploie pour les contrats où l'une des
parties est liée envers l'autre, sans qu'il y ait
réciprocité, comme en matière de prêt, de
mandat, de donation. La justice commutative
n'a pas d'application à ceux-ci, parce qu'il
ne s'agit pas d'égalité dans le sort des deux
parties, dont une seule s'engage. Ainsi, pour
décider si une pareille obligation a été remplie, on doit considérer la qualité des personnes ; ou autrement dit, on doit observer,
non pas la justice commutative, mais la justice
distributive.

Les contrats réciproques donnent pourtant quelques occasions d'user de cette dernière sorte de justice ; c'est lorsqu'ils sont attaqués comme nuls. On ne peut prononcer, en effet, que sur la validité d'un engagement, de quelque nature qu'il soit, sans avoir égard, ou à l'intention, comme quand on y suppose du dol, de la fraude, de la violence ; ou aux qualités des personnes, comme quand on prétend qu'il y avait incapacité de la part de l'une des parties : alors c'est l'existence de l'engagement qu'on examine, et non pas la manière de l'exécuter. La justice commutative n'a donc son application à l'égard des contrats qui lient réciproquement, que quand leur validité n'étant pas constatée, il s'agit uniquement d'en régler l'exécution, pour que chaque contractant reçoive l'équivalent de ce qu'il donne. Aucune considération étrangère à la nature même de la convention ne peut alors influer sur la décision. Cette vérité est si constante, que si, relativement à l'exécution d'un contrat de vente, ou d'échange, ou de louage, ou de tel autre pareillement réciproque, la même question s'élevait, d'abord, entre deux individus de conditions semblables, et ensuite entre deux autres de conditions très-différentes, on jugerait les deux procès absolument de la même manière ; parce que, dans cette matière, on doit user de la justice commutative, et ne s'occuper qu'à maintenir l'égalité entre les choses promises de part et d'autre.

D'après ces explications, on est en état de comprendre les docteurs, quand ils disent qu'en rendant la justice distributive, on suit une proportion géométrique, et qu'en rendant la justice commutative, on observe une proportion arithmétique. Ils enseignent aussi que la justice commutative s'applique seulement aux choses, c'est-à-dire, aux seuls engagements des parties, sans aucun égard aux personnes ; tandis que la justice distributive s'applique principalement aux personnes, attendu que, quand on en fait usage, le jugement dépend de leur intention, ou de leurs qualités.

CHAPITRE II.

DU DROIT NATUREL.

On verra dans différents articles, 1° ce qui est de l'essence du droit naturel; 2° ce qu'il enseigne par rapport à Dieu; 3° ce qu'il permet et défend à l'égard de nous-mêmes; 4° ce qu'il nous prescrit envers nos semblables.

ARTICLE PREMIER.

De l'essence du droit naturel.

LES Romains regardaient comme *droit naturel*, tout ce qui est enseigné par la nature à tous les animaux. *Jus naturale est quod natura omnia animalia docuit.* Loi 10, au digeste *De justitiâ et jure.*

Chez les modernes, on donne au droit naturel moins d'étendue : on le restreint au genre humain seulement, parce que la science du droit, suivant nous, étant la connaissance des devoirs imposés aux hommes, le droit naturel doit se borner à ce qui les concerne exclusivement, sans aucun rapport avec les autres espèces de créatures. C'est pourquoi, par *droit naturel*, on entend aujourd'hui les devoirs prescrits aux hommes par la nature, à l'aide des simples lumières de la raison.

Pour bien connaître ce qui est de l'essence de ce droit, il faut savoir quel en est le fondement, comment il impose des devoirs, et quel est son caractère essentiel ; c'est ce que l'on verra dans trois paragraphes.

§ Ier.

Fondement du droit naturel.

On pourrait placer ici les systèmes divers que les philosophes modernes ont imaginés, pour expliquer sur quoi le droit naturel est fondé. On verrait les uns, ayant Hobbes à leur tête, prétendre que les conventions des hommes constituent seules le droit naturel ; ce qui impliquerait contradiction avec notre définition ; puisque, par *droit naturel*, nous entendons les devoirs qui nous sont imposés antécédemment à toutes conventions qui font naître une autre classe de devoirs, ceux prescrits par le droit positif.

D'autres, tels que Puffendorf, posent pour fondement des obligations naturelles, la volonté de Dieu ; ce qui n'explique rien. Dire que Dieu est le maître absolu de tout, et que rien n'arrive sans sa volonté, ce n'est pas nous montrer sur quelle base il lui a plu d'établir les devoirs que nous indiquent les simples lumières de la raison.

Une troisième secte a fait ingénieusement la supposition d'un *sens moral*, qui servirait à déterminer l'homme au bien et au mal moral, comme les cinq sens physiques le déterminent à rechercher le plaisir ou à fuir la douleur au physique. C'est à peu près ce que Platon et après lui Cicéron avaient seulement indiqué : c'est ce que parmi les modernes, Hutchéson a entrepris de démontrer. Il résulte des explications de ce savant, qu'il prend le produit des sens physiques, pour un sens moral particulier. Il est évident que l'effet d'une chose ne peut pas être admis comme cause indépendante de cette chose. L'existence d'un sens moral n'est donc pas prouvée.

L'opinion la plus satisfaisante est celle de Grotius, de Cumberland, de Clarke, celle dont l'illustre Montesquieu a fait l'exposition à la tête de *l'esprit des lois*. Ces célèbres philosophes sont partis d'une vérité incontestable : il y a entre les choses considérées moralement, des rapports qui résultent de leurs différences et de leurs effets, comme il en existe entre les corps physiques. Une action exige plus ou moins de temps, plus ou moins d'intelligence que telle autre action : elle peut être nuisible, tandis qu'une autre est utile. C'est comme un corps qui est plus ou moins pesant, plus ou moins dur qu'un autre. De ces relations nécessaires entre les choses morales, naissent des règles d'après lesquelles on se détermine à agir. On procède de la même manière qu'en physique, dont les principes sont tirés des rapports qu'il y a entre les objets matériels. De même qu'un corps ne peut pas être déplacé sans être mis en mouvement, pareillement on ne peut pas arriver au but moral qu'on se propose, si on ne prend pas la voie indiquée par les relations nécessaires que les choses ont entr'elles. Quels moyens, par exemple, de se délivrer de la douleur qu'on éprouve à la vue d'un malheureux qu'on ne peut pas s'empêcher d'avoir sous les yeux ? Il n'en est pas d'autre que de lui procurer les secours dont il a besoin. Cette détermination qu'on prend alors, est indépendante de la crainte d'une punition, ou de l'espoir d'une récompense ; elle est l'effet nécessaire du rapport moral qui existe entre l'individu souffrant, et celui qui peut le secourir.

Une différence à remarquer entre les êtres purement physiques, et les êtres moraux, est que les premiers suivent des lois tirées de l'essence même des corps, et qui ne peuvent jamais changer. Au contraire, pour diriger les êtres moraux, indépendamment des rapports absolus et invariables qui résultent de l'essence des choses, il y a des règles créées par des conventions sujètes à varier. C'est ainsi que les hommes, ayant reconnu que l'état de société les conduisait plus sûrement au bonheur, se sont formés en corps de nations, et ont établi des devoirs propres au maintien de l'ordre social, et qui ne sont pas les mêmes dans chaque pays. Cependant, pour être utiles et conformes aux vœux de la nature, ces préceptes convenus ne doivent rien contenir de contraire aux relations primitives et nécessaires qui résultent de l'essence des choses.

Il est maintenant facile de reconnaître que les rapports qui existent entre les êtres mo-

raux , sont la base de toute espèce de droit ,
c'est-à-dire , de tous nos devoirs. Parmi ces
rapports, il en est qui existent essentiellement,
et d'où naissent des devoirs d'un premier
ordre , parce qu'ils sont nécessaires et invariables ; ce sont ceux que prescrit la nature.
Quant aux rapports qui naissent des institutions humaines, ils ne produisent que des devoirs d'un ordre secondaire , qui peuvent varier : ils forment le droit positif dont on parlera dans la suite.

Au reste, quelque soit le système que l'on
adopte, pour découvrir le véritable fondement
du droit, on est toujours conduit à une vérité
généralement reconnue ; c'est que nous sommes essentiellement destinés par la nature à
vivre en société. En effet, est-il un animal
qui soit dans un état de faiblesse plus grand
que celui où se trouve l'homme naissant? Après
avoir été allaités par leurs mères , jusqu'à ce
qu'ils aient la force de manger seuls , tous les
animaux se suffisent à eux-mêmes ; tandis que
l'enfant qui a quitté le sein de sa nourrice , est
encore long-temps dans l'impossibilité de se
passer de secours, même pour trouver sa subsistance. Que de soins lui sont encore néces-

saires, et pendant combien d'années ne faut-il
pas les lui prodiguer pour le mettre en état de
veiller à sa conservation ? Voilà ce qui nécessite la réunion de tous les individus de la même
famille. On sentira de même le besoin qu'ont
les familles de former entr'elles des associations.
Si les hommes n'étaient pas réunis en société,
comment pourraient-ils se défendre contre les
bêtes malfaisantes, et contre les accidents de
toutes espèces ? Les nombreux avantages dont
ils jouissent, la multitude des commodités nouvelles qu'ils se procurent, la domination qu'ils
ont acquise sur tous les animaux, et sur toutes
les substances que leur fournit la terre, n'est-
ce pas à leurs travaux exécutés en commun
qu'ils en sont redevables ?

Il existe donc dans l'homme des qualités qui
le rendent essentiellement sociable. Comme
ces qualités se développent selon les circonstances, comme elles sont dirigées avec plus
ou moins d'intelligence, et vers un but plus ou
moins environné d'obstacles, il en résulte des
désirs plus ou moins ardents, des entreprises
plus ou moins téméraires, plus ou moins nuisibles aux autres, en un mot, des passions de
tous les genres.

L'amour de soi-même est aussi naturel à l'homme qu'aux autres animaux : il est même d'autant plus porté à entreprendre pour sa propre satisfaction, qu'il est plus ingénieux à se créer des besoins et des plaisirs. De-là naît son penchant à nuire à tous ceux qui le gênent.

La même prédilection pour soi doit pareillement entraîner l'homme vers ce qui lui plaît et ce qui lui promet des avantages. Si cette prédilection le détermine souvent à faire du mal, elle est aussi la source de ses bonnes actions. Il est d'autant plus empressé à se rendre utile à ses semblables, quand son intérêt ne s'y oppose pas, que dans l'avenir il espère en tirer plus de profit, et que pour le présent, son amour-propre en est plus flatté.

Cette cause du bien et du mal dans l'espèce humaine, se modifie en autant de manières différentes qu'il y a d'individus. Chacun est doué d'une portion d'intelligence qui se développe suivant les circonstances diverses dans lesquelles il se trouve, mais qui tend perpétuellement à se perfectionner. C'est là ce qui distingue essentiellement l'homme de tous les autres animaux. Le peu de variété que l'on remarque dans leur instinct, vient de ce qu'il n'est pas susceptible de perfectionnement. Il n'est jamais sensiblement plus grand dans un individu que dans un autre de la même espèce. L'animal qui paraît le mieux dressé, oublie bientôt les choses qu'il a apprises, dès que l'on cesse pendant quelque temps dé les lui faire répéter. S'il vit avec d'autres animaux, ceux-ci ne cherchent pas plus à l'imiter, que lui-même n'est tenté de leur montrer ce qu'il paraît savoir. Comment s'instruiraient-ils entr'eux ? Il leur manque le seul moyen d'y parvenir, la faculté de communiquer leurs idées par la parole. Si cet avantage ne leur a pas été donné par la nature, il faut en conclure qu'ils n'en ont pas besoin, qu'ils n'ont point d'idées à se communiquer, et que les relations qu'ils ont entr'eux, par les sens, leurs suffisent.

Il en est bien autrement de l'homme : il se souvient d'une action qui lui plaît, et il la répète sans y être excité par une volonté étrangère. Est-il aperçu par d'autres hommes ? Ceux-ci l'imitent s'ils croyent en tirer de l'utilité ; ils reçoivent ses leçons, pour arriver plus vite à ce qui leur est agréable ; ils cherchent même à surpasser leur maître. Ceux qui vièrent dans la génération suivante, profitent de l'expérience de leurs prédécesseurs. Ils commencent leur carrière en partant des meilleures méthodes qu'ils trouvent en usage, et peuvent par conséquent se consacrer entièrement à imaginer des choses nouvelles. C'est par le don admirable de la parole que s'opèrent tant de merveilles, parce qu'il est le seul moyen que nous ayons de transmettre nos idées à nos semblables. Cet avantage inappréciable dont jouit exclusivement l'espèce humaine, la met tellement au-dessus de tous les autres animaux, qu'elle parvient à les dominer despotiquement. C'est ce qui achève de prouver que les hommes sont essentiellement faits pour vivre en société.

Cette aptitude au perfectionnement, ne peut produire d'effet qu'à l'aide d'une grande mobilité dans les organes. Cette mobilité n'est pas au même degré dans chaque individu : c'est ce qui rend les hommes à un tel point différents les uns des autres, qu'il n'y en a pas deux qui se ressemblent parfaitement, soit de figure et de physionomie, soit de caractère et d'intelligence. Bien plus, la même personne ne reste jamais semblable à elle-même ; son humeur, ses goûts, ses diverses facultés varient selon les lieux qu'elle habite, les années qu'elle prend et les événements heureux ou fâcheux qui lui arrivent. Ainsi, rien d'étonnant si chacun a ses habitudes, ses affections, ses répugnances. Voilà pourquoi l'humanité est agitée d'un grand nombre de passions différentes, qui sont réparties de telle sorte que celles des uns sont très-souvent contraires à celles des autres, parce qu'elles sont combinées dans chaque individu avec une variété prodigieuse.

Dans quelle confusion vivrait-on si les facultés dont nous pouvons user de tant de manières diverses, n'étaient pas assujéties par la nature elle-même, de qui nous les tenons, à des règles capables de maintenir l'harmonie parmi les hommes? N'impliquerait-il pas contradiction, si ce qui nous porte à vivre avec nos semblables, était en même temps un obstacle à l'ordre social? L'homme tient de la nature les facultés intellectuelles et corporelles dont il est doué; c'est elle par conséquent qui lui indique les moyens de s'en servir, et lui fait connaître les rapports qu'elle a établis entre lui et tous les êtres corporels et moraux.

↳Les Romains embrassaient l'universalité de ces rapports, quand ils étendaient le droit naturel à tout ce qu'il y a de commun entre les hommes et les animaux. Mais les jurisconsultes modernes bornent le droit naturel aux seuls rapports qui peuvent être aperçus entre tous les hommes. L'impossibilité d'avoir un commerce d'idées avec les animaux, ne permet pas d'admettre que, de nos relations avec eux, il naisse aucune sorte de devoirs. Nous sommes portés à les assujétir, et ils sont forcés de se soumettre à ce que nous exigeons d'eux par la supériorité de notre intelligence.

En recherchant sur quoi se fonde le droit naturel, tel que nous l'entendons, on voit qu'il ne considère pas l'homme isolé, comme serait un individu abandonné dans une île déserte. Lorsque cet événement arrive, c'est un accident et non pas l'effet d'une destination préparée par la nature. Dans la contrée où prend naissance un être humain, il y trouve son père, sa mère, ses parents; d'autres familles y sont établies. Il y a donc là nécessairement une société, dont les membres ont entr'eux des rapports qui viènent de la nature, antérieurement aux relations que la volonté humaine peut avoir créées. De ces rapports primitifs et nécessaires naissent les devoirs qui forment le droit naturel.

§ II.

Comment le droit naturel impose des devoirs.

La nature ayant destiné l'homme à vivre avec ses semblables, veut par conséquent qu'il employe les facultés qu'elle lui a données, non-seulement à choisir ce qu'il trouve bon, et à fuir ce qui lui est nuisible, mais encore à procurer à la société dont il fait partie, tous les avantages qui dépendent de lui, son propre intérêt étant lié à celui de ses semblables. C'est vers ce seul but que nos actions doivent être dirigées. Le chemin pour y atteindre est fortement tracé dans le for intérieur par un sentiment qui ne serait qu'un instinct, comme chez les animaux, s'il n'était pas éclairé par une faculté de raisonner susceptible de perfectionnement. Néanmoins, la nature n'a pas gravé ses volontés dans le cœur des hommes d'une manière également profonde. Chacun ne voit l'étendue des ordres qui lui sont donnés par sa conscience, qu'en proportion du degré d'intelligence dont il est doué. Pour n'être point coupable, suivant la nature, il lui suffit donc de se conformer aux seules règles qu'il peut découvrir par les simples lumières de sa raison.

C'est par l'entendement que nous apprenons le droit naturel ; par conséquent à mesure que l'intelligence se perfectionne, à mesure que les relations devièent plus multipliées entre les hommes, ils sentent s'augmenter le nombre des règles qu'ils ont à suivre. Tous les individus n'ayant pas une intelligence égale, chacun n'aperçoit que les vérités mises à sa portée. Nul étonnement donc, si, même chez les peuples les plus éclairés, les maximes du droit naturel, que reconnaissent les gens grossiers et ignorants, sont moins nombreuses que celles adoptées par la classe des personnes instruites.

Quoi qu'il en soit, tout homme sain d'esprit possède un discernement suffisant pour distinguer le bien et le mal dans la position où il se trouve. Il est doué d'une volonté capable de le faire triompher des obstacles qui s'opposent à l'accomplissement des devoirs qui lui sont imposés dans le for intérieur, et qui sont pour lui plus ou moins étendus, selon la culture qu'a reçue son esprit.

Mais à quel signe chacun peut-il reconnaître ce qui lui est commandé par la nature, en proportion des lumières qu'elle lui a données ? La fin que nous nous proposons nécessairement dans l'exercice de nos facultés, est de nous procurer le bonheur : or, nous sommes organisés de manière à ne le trouver que dans l'accomplissement de ce qui nous est indiqué par la nature pour le maintien de l'ordre social auquel elle nous a destinés. Tout individu est donc essentiellement porté vers ce qui est bon tant pour lui que pour ses semblables, et détourné de ce qui est nuisible à lui et à autrui ; il ne dévie de cette direction que parce qu'il est entraîné par la violence de ses passions. Ainsi, pour agir convenablement à ses devoirs, et par conséquent à son bonheur, que l'homme résiste à l'excès de ses passions, qu'il suive l'impulsion qui lui est donnée dans le for intérieur, il ne se trompera pas ; au contraire, s'il s'en écarte, il est assuré de se rendre malheureux et coupable. Telle est la manière dont s'y prend la nature, pour nous tracer nos devoirs : elle commande à la conscience, ou par la paix qu'elle y fait régner, ou par les remords qu'elle y excite. N'y a-t-il pas des cœurs endurcis qui n'ont point de remords? non, les méchants en éprouvent; s'ils persistent dans le mal, c'est par excès de perversité; sans espoir de se faire estimer, ils préfèrent se faire craindre et n'en sont tourmentés que plus cruellement.

§ III.

Caractères essentiels du droit naturel, et division des devoirs qu'il prescrit.

Indépendamment de toute autorité établie par les hommes, la nature nous prescrit des devoirs que nous ne pouvons pas nous empêcher de reconnaître : ils sont donc essentiellement nécessaires. La raison que la nature développe dans chaque individu, étant de la même espèce dans tous les temps et dans tous les lieux, il faut en conclure aussi que ce qu'elle prescrit est essentiellement invariable. Ce qu'elle montre aujourd'hui comme juste ou injuste dans un pays, l'a été de tout temps, partout, et ne cessera pas de l'être. Il résulte encore de là que les devoirs imposés par la nature, sont nécessairement universels, c'est-à-dire les mêmes pour tous les hommes, en quelques lieux qu'ils habitent. Ainsi, ce qui constitue le caractère essentiel du droit naturel, c'est qu'il est nécessaire, universel, immuable et indépendant de toute volonté terrestre. Tout homme qui jouit de la faculté de raisonner ne peut donc pas, sans se rendre coupable, négliger les règles de conduite que lui fait apercevoir son intelligence.

Un droit aussi constamment le même, aussi généralement établi, et que rien ne peut changer, est manifesté par la nature dans le for intérieur, où elle impose des devoirs d'autant plus étendus pour chaque individu, qu'elle lui accorde une plus grande portion de raison. Voilà pourquoi plus un peuple est civilisé, plus chez lui les maximes du droit naturel sont multipliées. Pareillement, dans la même nation, les personnes très-instruites sont assujéties à bien plus d'obligations naturelles, que n'en ont à remplir ceux dont les lumières de l'esprit sont peu considérables.

Au reste, ne croyons pas que les devoirs

prescrits par le droit naturel, soient moins obligatoires pour l'homme très-peu éclairé, que pour celui qui a reçu beaucoup plus d'instruction. L'un est aussi rigoureusement tenu que l'autre à observer ce que la raison lui montre comme nécessaire à la conservation de l'ordre social. L'homme instruit ayant la perception plus pénétrante, tire de ce précepte fondamental un plus grand nombre de conséquences, que n'en découvre celui dont l'éducation n'a pas été soignée. Voilà seulement ce qui distingue l'un de l'autre ; tous deux sont sur la même voie : le premier, doué de plus grands moyens, est tenu de la parcourir dans toute son étendue, tandis que le second n'est obligé que d'en suivre la portion qu'il peut apercevoir.

Ici paraît le germe de l'inégalité des conditions entre les hommes. Ceux qui sont les plus forts et les plus intelligents, acquièrent nécessairement des avantages qui les font plus considérer, et leur donnent plus d'influence sur l'esprit de leurs semblables. Chez les peuples chasseurs, par exemple, les individus les plus habiles se procurent plus facilement soit leur nourriture, soit des peaux de bêtes pour se couvrir, ou pour échanger contre d'autres objets possédés par leurs voisins. Chez les peuples pasteurs, les hommes qui s'entendent le mieux à élever les animaux, deviennent aussi les plus riches. C'est pourquoi les plus faibles, les moins intelligents, dans tout pays, sont portés, par une sorte d'instinct, à se mettre sous la protection de ceux qu'ils reconnaissent comme plus favorisés de la nature; ils offrent leurs services, et consentent à obéir. Les institutions humaines rendent ces différences encore plus sensibles, puisque leur but principal est d'assurer à chacun la jouissance des avantages qu'il se procure par l'usage de ses facultés, pourvu qu'il se conforme à ce qui lui est prescrit pour le maintien de l'ordre social.

Je parle en ce moment de l'inégalité des conditions, telle qu'elle vient directement de la différence avec laquelle il plaît à la nature de départir ses dons entre les hommes. A l'égard de l'inégalité que les institutions humaines établissent, elle ne concerne pas le droit naturel, puisqu'elle est un résultat du droit positif. Il suffit ici de reconnaître que la première de ces deux sortes d'inégalité est légitime; car, ou elle résulte nécessairement de ce que la nature occasionne, ou elle a pour base la volonté de ceux qui s'y soumettent, comme à un moyen plus sûr de vivre ainsi qu'il leur convient. Dans l'un et l'autre cas, chaque membre de l'association est dans l'obligation de respecter ce qui vient de l'une de ces deux causes, qui sont aussi raisonnables que nécessaires.

L'empereur Justinien, dans ses Institutes du Droit romain, livre I, titre 1, § 3, a indiqué trois sortes de devoirs imposés par la nature : vivre honnêtement, n'offenser personne, et rendre à chacun ce qui lui appartient: *juris præcepta sunt hæc : honestè vivere, alterum non lædere, suum cuique tribuere.* On ne peut critiquer des maximes aussi pures; mais cette division des devoirs naturels nous paraît peu exacte, puisque chacun des trois préceptes de Justinien présente le même sens. En effet, pour vivre honnêtement, il ne faut offenser personne, et il faut rendre à chacun ce qui lui appartient. N'offenser personne, c'est rendre à chacun le sien, c'est vivre honnêtement. Enfin, quand on rend à chacun ce qui lui appartient, on n'offense personne, et

on vit honnêtement. Pour éviter toute confusion, nous croyons qu'il est mieux de distinguer autant d'espèces de devoirs, qu'il
y a d'espèces d'objets principaux avec les
quels nous sommes essentiellement en rapport.

L'homme est d'abord frappé d'étonnement
à la vue de l'univers, qui lui annonce évidemment une cause d'où procèdent des effets aussi
admirables. Il prend aussitôt l'idée d'un Être
Suprème, auquel il offre son hommage, et
qu'il craint d'offenser, parce qu'il le croit
tout puissant. Bientôt, la nécessité de veiller
à sa propre conservation, force l'homme à
faire une continuelle attention à lui-même,
pour saisir, parmi les choses qu'il voit, celles
qui lui sont bonnes, et fuir celles qui pourraient lui nuire. Il s'aperçoit ensuite qu'il a
des semblables, et il n'est pas long-temps sans
éprouver le désir de se lier avec eux, pour
mieux satisfaire à ses besoins, pour se procurer de nouveaux plaisirs, pour user plus
avantageusement des objets qui sont à sa disposition, enfin, pour multiplier ses conquêtes
sur les choses et sur les animaux. Ainsi, la
nature, par les relations qu'elle a établies,

nous impose des devoirs envers Dieu, envers
nous-mêmes, et envers autrui.]

De cette distinction, il ne faut pas conclure
que les devoirs de l'une de ces trois classes
soient plus ou moins obligatoires que ceux
des deux autres. Il est essentiel de les remplir
tous également ; car ils sont corrélatifs, et se
lient nécessairement. C'est ainsi que, sans la
crainte de l'Être suprême, on s'abandonne à
ses passions, et on se nuit à soi-même comme
à autrui. Manquer à ce qu'on se doit à soi-
même, c'est évidemment déplaire à Dieu, et
c'est souvent se mettre hors d'état d'être juste
envers autrui. Enfin celui qui blesse ses semblables offense la divinité, et s'attire à lui-même
de grands maux. Quelque relation qu'il y ait
entre toutes ces sortes de devoirs, il n'en est
pas moins vrai que l'objet auquel se rapportent directement les devoirs de l'une des trois
classes, est facile à distinguer ; ce qui suffit
pour préférer la division que nous adoptons,
ne fût-ce que pour rendre plus méthodique
l'explication du droit naturel.

ARTICLE II.

Des devoirs naturels envers Dieu.

On parlera dans un premier paragraphe, de la religion naturelle; dans un second, du culte naturel intérieur; et dans un troisième, du culte naturel extérieur.

§ Ier.

De la religion naturelle.

Forcés de reconnaître des devoirs dépendants du droit naturel, il est impossible de ne pas admettre une autorité supérieure, capable de punir l'homme qui n'obéit pas à sa conscience, et de récompenser celui qui observe une justice parfaite. Comment serait-on dans l'obligation de faire des choses qu'aucun être n'aurait le droit ni le pouvoir d'exiger? Si donc il est indubitable que les devoirs sont prescrits dans le for intérieur, il faut nécessairement en conclure qu'il existe une puissance surnaturelle qui juge nos inten-

On n'entrera pas ici dans des discussions purement métaphysiques sur l'existence de Dieu, sur les qualités qu'on lui attribue, sur la liberté d'agir qu'il nous laisse, ni sur la manière dont il exerce sa justice envers nous. Dans de simples éléments, il suffit de remarquer que celui qui régit tout, aime l'ordre nécessairement; et comme la justice n'est pas autre chose que l'amour de l'ordre, il faut en conclure que Dieu doit être essentiellement juste. Il ne peut donc pas laisser les mauvaises actions sans châtiment, ni les bonnes sans récompense. Le plus souvent, on recueille sur la terre les heureux fruits d'une bonne conduite, et l'on éprouve les tristes effets d'une vie déréglée; mais ce qui est évident, et surtout consolant, c'est que, dans un temps ou dans l'autre, justice nous est rendue. C'est une vérité trop nécessaire à l'ordre social, pour qu'il soit permis d'en douter. Il serait faux de dire qu'il est des devoirs imposés dans le for intérieur, s'il n'y avait pas une puissance qui en exige l'accomplissement. Confessons donc qu'il y a un maître universel, à qui nous devons obéir.

La connaissance que nous acquérons de nos

64

devoirs envers Dieu, par les simples lumières de la raison, enseigne la religion naturelle. Dans tous les temps et chez tous les peuples, cette religion a été et sera la même, parce que les sentiments que nous éprouvons naturellement pour le maître de l'univers, ne peuvent jajamais varier. Ils sont le fondement unique de cette multitude de religions que les hommes ont instituées, et qui, différentes dans leurs formes, ont toutes le même objet, celui d'honorer un Etre Suprême, d'espérer en sa justice, et de craindre sa vengeance. On est parti de là pour corroborer le lien social, par l'intervention de la Divinité. Il fallait frapper l'esprit du peuple ignorant. On a cru y réussir plus efficacement, en employant des idées plus ou moins mystérieuses, qui ont été adaptées, dans chaque pays, aux mœurs, au climat, à la politique, et au degré de civilisation. C'est ce qui explique la diversité des religions. Toutes sont donc respectables, puisqu'elles servent à assurer la pratique des devoirs sociaux.

Je ne chercherai pas, parmi les différentes religions, celle qui est la meilleure : c'est un travail qui, s'il est possible, ne me convient pas. Je dirai seulement que celles qui prêchent l'intolérance, qui se déclarent ennemies de toutes les autres, sont mauvaises et antisociales. Dans l'impuissance où sont presque tous les hommes de faire une chose, ne doivent-ils pas donner la préférence à l'opinion religieuse dans laquelle on a été élevé ? Je me crois donc obligé de respecter la manière dont chaque peuple rend hommage à la Divinité, ainsi que sa croyance dans une autre vie, puisqu'il y trouve la force d'éviter le mal, et un encouragement pour faire le bien. D'ailleurs, il n'est question dans ce chapitre que du droit naturel. Je dois donc me borner à indiquer les idées religieuses que nous recevons de la nature, c'est-à-dire, les devoirs qu'elle nous impose envers l'Être Suprême. Ils constituent le culte prescrit à l'homme qui n'est éclairé que par sa propre intelligence. Ce culte est intérieur ou extérieur ; c'est ce que vont expliquer les deux paragraphes suivants.

§ II.

Du culte naturel dans le for intérieur.

Le culte auquel la nature nous oblige intérieurement, consiste d'abord à reconnaître un Dieu, à rendre hommage à sa puissance, et à compter sur sa justice. Douter de son existence, c'est l'offenser, parce que c'est faire un mauvais usage de la raison, le don le plus précieux qu'il ait fait à l'homme. En effet, personne ne refuse d'admettre des devoirs dans le for intérieur ; or, prétendre en même temps qu'il ne nous sont imposés par qui que ce soit, quelle inconséquence ! Comment peut-il exister des devoirs sans une autorité qui les exige, et qui fait craindre ou espérer, selon qu'on agit mal ou bien ? A quoi servirait la voix de la conscience, si l'on pouvait impunément ne pas l'écouter ? La plupart des hommes ne s'abandonneraient-ils pas aveuglément à leurs passions ? Quels motifs auraient-ils d'y résister, pour suivre de préférence des voies moins attrayantes, où rien ne les contraindrait à rester ? En un mot, s'il n'y avait pas un être rémunérateur et vengeur, aucune des impulsions de la nature ne serait obligatoire. La crainte de l'autorité humaine serait le seul motif d'être honnête, chose inadmissible. S'il y a un juge suprême qui veille au maintien de l'ordre admirable établi dans l'univers, comment ne pas lui rendre hommage et ne pas nous confier à sa justice ? Nier son existence pour lui refuser le respect dû à sa puissance ; c'est évidemment manquer au premier devoir du culte que nous lui devons dans le for intérieur.

Le second acte que la seule raison nous prescrit pour ce même culte, est un désir constant de plaire au maître souverain, pour mériter les récompenses et éviter les peines dont il est le dispensateur. Est-il un moyen plus sûr de lui être agréable, que de se conformer à ses volontés ; c'est-à-dire, d'observer tous les devoirs qu'il a écrits au fond de notre conscience ?

Les théologiens, dans la plupart des religions, multiplient les actes du culte intérieur. Chacun, selon sa secte, veut qu'on adore Dieu d'une certaine manière, qu'on l'aime avec certaines conditions, et qu'on le prie dans certaines circonstances. Ce n'est pas ici qu'il faut se livrer à l'examen du mode d'adoration intérieure le plus convenable à Dieu, ni des qualités de l'amour qu'on lui doit. Je ne m'occupe que du culte intérieur inspiré par la nature, et certes elle est loin d'enseigner les rêveries des dogmatiseurs. Tout ce que me dit ma raison, c'est que Dieu veut de la sincérité dans l'hommage du cœur. Voilà le précepte universel; ce qu'on y ajoute est imaginé par les hommes, selon leurs préjugés ou leurs intérêts.

Je chercherai moins encore à savoir si les prières sont utiles; je sais seulement que la religion naturelle n'en admet point. Qui oserait assurer que ce qu'on demanderait pour soi s'accorderait avec l'ordre invariable de l'univers? Dieu est-il bien flatté des vœux insensés et contradictoires qui lui sont adressés de toutes parts? Ainsi, croire à un Être Suprême, l'adorer, espérer dans sa bonté, craindre de l'offenser, accomplir les devoirs qu'il impose, jouir sans orgueil des avantages particuliers qui nous arrivent, souffrir avec résignation les malheurs que nous éprouvons, c'est tout ce que nous prescrit la simple raison pour le culte naturel intérieur.

§ III.

Du culte naturel dans le for extérieur.

On a vu que le culte naturel intérieur con-

siste dans certaines pensées, certains mouvements du cœur fondés sur la croyance en Dieu.
Celui qui est l'objet de ce culte en est le seul
témoin comme le seul juge, parce que rien de
ce qui se passe dans le for intérieur ne peut
être apprécié par les hommes. Au contraire,
par le culte naturel extérieur, on entend les
actes que la raison nous indique pour assurer
à nos semblables que nous honorons la divinité.
C'est la seule manière d'obtenir la confiance
de ceux qui ne croyent à la probité, que quand
elle est établie sur des idées religieuses. Pour
soi-même, il suffit d'honorer Dieu dans le for
intérieur ; mais nous devons aux hommes la
preuve de nos sentiments, et ils ont besoin de
notre exemple.

Je ne parle ici que des actes extérieurs du
culte naturel, c'est-à-dire, de ceux qui sont
enseignés par la seule raison, et qui consé-
quemment sont de tous les temps, de tous les
pays, et communs à tous les individus. On ne
s'occupera donc pas des diverses pratiques admises chez les différentes nations pour honorer
la divinité. Tout ce qui a été ajouté aux devoirs religieux que la simple raison impose,
est l'ouvrage des hommes, et sort du cadre

dans lequel est renfermé le droit naturel qui est l'unique objet de ce chapitre. Disons seulement qu'étant tous obligés, même dans le for intérieur, d'obéir aux lois faites par les hommes, la raison veut que nous respections les institutions religieuses de chaque pays.

L'adoption de telle ou telle religion dépend du genre d'instruction qu'on a reçue. D'ailleurs, toutes les religions sont bonnes, dans le sens qu'elles nous portent à remplir nos devoirs. C'en est assez pour sentir que le droit naturel ordonne de laisser à chacun la liberté d'adopter les pratiques religieuses qui lui conviènent. Nous préférons le plus souvent celles qui nous ont été enseignées dans l'enfance. La tolérance, en matière de religion, est donc une des bases fondamentales de l'ordre social. Il n'est pas défendu de chercher à propager l'opinion qu'on croit la meilleure; mais il n'est permis d'employer à cette fin, que la persuasion, et jamais ni l'autorité, ni la violence. Rien d'étonnant donc, si ces derniers moyens sont ceux qui réussissent le moins : l'expérience démontre qu'ils ne font que des hypocrites ou des martyrs.

Du devoir d'honorer Dieu dans le for intérieur, et d'en donner des preuves par des
actes extérieurs, naît l'obligation de confesser
hautement l'existence de cet Être suprême, et
de n'en parler qu'avec respect. C'est donc enfreindre le droit naturel, que d'attaquer les
principes de religion par des discours ou des
écrits. Outre l'injure qu'on fait à Dieu, et
le scandale dont on est cause, on trouble évidemment l'harmonie de la société, où ces
mêmes principes sont admis et sont nécessaires pour porter à la justice parfaite ceux chez
qui la raison n'est pas un frein assez puissant.
Les hommes, pour la plupart, ne se soutiènent dans l'habitude des devoirs que par des
idées religieuses. A-t-on le droit de rompre
cette digue qu'ils opposent aux efforts de leurs
passions? Que de personnes pieuses n'ont de
satisfaction que l'espoir d'être récompensées
dans une vie future, de tout ce qu'elles souffrent sur la terre! Et il serait permis de leur
enlever cette consolation de leur misère!
D'autres ne sont retenues au bord du sentier,
que par la crainte de ne pas échapper à la
vengeance divine. Peut-on les priver de ce
secours salutaire sans se rendre coupable?
Non, toute doctrine qui arrache à la vertu l'es

poir, et au crime le remords, est antisociale.

Ce que je dis du respect qu'on doit aux opinions religieuses, s'applique à toutes également. Il importe de ne pas ébranler la foi, quelle qu'elle soit, chez ceux qui en font la base de leur conduite. Il y aurait aussi le danger d'élever entre les sectateurs de différentes croyances, des dissensions qui troubleraient le repos public. Ce n'est pas qu'il ne nous soit permis de faire connaître les motifs que nous adoptons pour donner la préférence à telle ou telle religion ; mais nous ne devons jamais, dans ces sortes de discussions, blesser ceux qui ne partagent pas notre opinion : autrement, ce serait porter atteinte à la liberté de conscience. La nature ne l'a pas établie pour qu'on soit libre de s'attaquer ; mais pour que chacun adore Dieu à sa manière, sans redouter aucune opposition offensante.

Professer publiquement l'existence de Dieu ne serait qu'hypocrisie, si nos actions ne justifiaient pas nos sentiments religieux. Il nous est donc prescrit également, comme culte naturel extérieur, de conformer continuellement notre conduite aux volontés de l'Être suprême, c'est-à-dire, de remplir tous les devoirs qu'il nous impose.

Les autres actes du culte extérieur, tels que les prières, les cantiques, les sacrifices, ont été imaginés, soit pour implorer les secours de la Divinité, soit pour lui témoigner notre reconnaissance ; mais la raison seule n'indique pas la forme qu'il convient de donner à l'expression de nos adorations ; elle nous laisse maîtres d'adopter le mode qui nous plaît le mieux. Une conséquence de cette liberté, est la défense de troubler qui que ce soit dans le mode qu'il a adopté pour rendre à Dieu des hommages extérieurs, pourvu que l'ordre social n'en reçoive aucune atteinte.

ARTICLE III.

Des devoirs naturels envers soi-même.

L'homme est né pour jouir de la vie le plus agréablement qu'il lui est possible, sans nuire à autrui. L'amour qu'il a pour lui-même est un sentiment qu'il tient de la nature. Il lui est donc permis, pour assurer sa propre conservation, pour se procurer ce qui lui fait plaisir, et pour éviter ce qui lui causerait de la douleur, de faire tout ce qui lui paraît convenable, pourvu que ce soit sans faire mal à ses semblables; cependant, par intérêt pour lui-même, la nature lui défend d'abuser des facultés intellectuelles et corporelles qu'elle lui a données. Si dans l'usage qu'il en fait, il est assez aveugle pour excéder les bornes qui lui sont prescrites, il en est bientôt puni, par les maux qui lui viènent des sources mêmes d'où il devait attendre son bonheur.

Le précepte de Justinien *honestè vivere*, paraît convenir plus spécialement pour exprimer ce qu'on se doit à soi-même. En effet, quoique rigoureusement on ne puisse pas vivre honnêtement, sans remplir tous ses devoirs, néanmoins on entend assez ordinairement par mœurs honnêtes, celles des perssones qui, dans leur manière de se conduire pour elles-mêmes, n'ont que des habitudes louables. Ainsi veut-on passer pour vivre honnêtement? Il faut plus particulièrement s'appliquer à connaître; 1° les règles que l'homme doit suivre dans l'usage qu'il fait de ses facultés intellectuelles, pour sa propre satisfaction ; 2° quel prix il lui convient de mettre à l'estime publique, à la gloire et aux honneurs ; 3° comment il doit jouir des richesses pour lui-même ; 4° la manière d'user de ses facultés corporelles ; 5° jusqu'à quel point il lui est permis de disposer de sa vie. Examinons ces divers objets successivemnt.

§ I.

Usage des facultés intellectuelles pour soi-même.

La seule chose qui distingue l'homme des autres animaux, est sans contredit la raison, ce flambeau intérieur qui l'éclaire pour prendre ses résolutions et diriger ses actions. Par un don aussi précieux, la nature s'est montrée d'autant plus généreuse, que les qualités propres à en faire usage, sont susceptibles de se perfectionner par l'exercice, et que plus elles se perfectionnent, plus nous obtenons de jouissances. Il est donc du devoir de l'homme qui s'aime lui-même, d'exercer les facultés de son esprit, autant qu'il lui est possible. C'est le moyen naturel de trouver une plus grande portion de bonheur. De là suivent quelques règles à observer.

1° La plus générale et qui s'adresse à toute l'espèce humaine, est que chacun doit se faire une occupation proportionnée aux facultés dont il est doué. Il en retire un plus grand avantage pour lui-même, et ce qui lui importe beaucoup, il se rend utile à ses semblables. Combien est triste le sort de celui qui ne fait rien pour l'intérêt commun de la société ? Tout individu qui se veut du bien à lui-même, doit donc prendre une profession, et s'y appliquer autant qu'il en est capable.

2° Dans quelque rang qu'on se trouve, il n'est pas permis selon le droit naturel, sous peine d'être bien plus malheureux, de négliger l'instruction qu'on peut se procurer. D'abord indispensablement il faut que tout homme apprène à discerner la condition où la nature l'a placé ; autrement il ne peut pas acquérir une juste idée des devoirs qu'elle lui impose. Son père et sa mère sont-ils vivants ? Est-il engagé dans les liens du mariage ? A-t-il des enfants, des parents, des amis, des voisins ? Est-il le supérieur de quelques personnes ; n'en est-il pas d'autres dont il soit le subordonné ? Il est doué de talents, ou il n'a reçu qu'une faible capacité ; il est né dans les richesses ou dans la médiocrité, ou dans la pauvreté. Chacune de ces circonstances impose des devoirs différents dont on ne peut pas s'acquitter parfaitement, si l'on n'est pas instruit de ce qu'ils exigent ; et faute de les remplir il est impossible de vivre heureux.

Une des connaissances qu'on doit acquérir, est celle des moyens dont on peut disposer pour agir, afin de ne pas entreprendre inutilement des choses qu'on est dans l'impossibilité d'exécuter. De combien de malheurs n'est pas victime celui qui, n'ayant pas la mesure de ses facultés, ne sait pas les employer dans toute leur étendue, ou est assez téméraire pour vouloir les excéder ?

La nécessité de s'instruire suppose que dans l'établissement de la société, on a organisé des moyens d'instruction à la portée de toutes les classes d'individus. On ne peut donc trop encourager l'enseignement mutuel, si propre à rendre habiles en peu de temps et à peu de frais, les esprits les plus bornés. Au reste c'est le devoir de ceux qui gouvernent les nations : celui des particuliers est de profiter des moyens qui leur sont offerts ; chacun s'instruira selon le degré d'intelligence dont il est doué, et la profession qu'il doit embrasser.

5° Ce n'est pas assez de ne tenter que ce qu'on est assuré de mettre à exécution ; on se porterait encore préjudice à soi-même, si l'on s'occupait d'une entreprise condamnée par la raison. Il n'est pas douteux, en effet, que celui qui agit toujours conformément à ce que prescrit cette lumière intérieure, est plus près du bonheur, que l'homme qui écoute sans réflexion les caprices de son imagination. La règle, pour ne pas se tromper, est de ne se permettre aucun travail qui n'ait un but utile. A quoi bon faire des choses dont il ne résulterait pour personne aucun avantage ? Si même l'utilité qu'on en espère ne valait pas la peine qu'elle occasionnerait, ne serait-ce pas une folie que de s'y livrer ? En ne se proposant rien que d'utile, on évite donc une infinité d'actions inconsidérées et de fausses démarches, qui souvent causent autant de malheurs à celui qui agit, que s'il eût été déterminé par une mauvaise intention. Combien de personnes ne croyent pas mériter les maux qu'elles éprouvent, et qui n'en sont atteintes que parce qu'elles ne les ont pas prévus? Elles n'ont pas voulu mal faire; mais elles sont coupables de n'avoir pas assez examiné à quoi serait utile ce qu'elles entreprenaient. Ne pas assez réfléchir avant que de se porter à une action, c'est méconnaître son propre intérêt; car, celui qui agit avec trop de légèreté, en est presque toujours le premier puni.

Toute action qui promet de l'avantage en elle-même, n'est presque jamais suivie des effets que l'on attend, si elle n'est pas permise dans l'ordre social. Lors donc qu'on se propose de faire une chose qui n'est pas digne d'approbation, c'est en vain qu'on espère en tirer de l'utilité. L'illusion qu'on se fait ne vient que d'un défaut d'attention, ou d'une manière de raisonner dans le seul intérêt de ses passions. L'espèce de profit qu'on obtient d'une mauvaise action, est payé bien chèrement par les suites fâcheuses qui en résultent: les premières sont le mépris de ses semblables, et souvent une peine qu'ils infligent, indépendamment des remords qu'on éprouve dans le for intérieur.

4°. S'il est naturel de fuir la douleur, et de travailler à se faire un bien-être, il convient aussi de rechercher ce qui n'est qu'agréable. Mais tous les plaisirs, et par conséquent ceux où l'on fait usage des facultés intellectuelles, ne sont pas réels s'ils ont pour objet ce qui est illicite. Il s'en faut bien qu'on se procure une véritable satisfaction, lorsqu'on blesse l'intérêt d'autrui, ou l'honnêteté des mœurs ; en un mot, lorsqu'on porte atteinte d'une manière quelconque à l'ordre social. Quelque doux qu'ils paraissent au premier moment, les plaisirs qu'on ne peut pas avouer, troublent le repos de l'âme, exposent à l'opprobre, à des haines, à des dangers, à des chagrins de toute espèce.

Une autre condition sans laquelle tout ce qu'on regarde comme plaisir cesse de l'être, c'est de n'en user qu'avec modération. Toutes les fois qu'un goût quelconque, quelqu'innocent qu'il soit, est poussé à l'excès, il devient une passion, maîtrise l'âme et la tourmente, au lieu de procurer l'agrément qu'on se flattait d'obtenir. Ajoutez que les forces intellectuelles s'épuisent ; on ne trouve plus ni le temps, ni les facultés de s'occuper des affaires dont on est chargé. De là, mille peines, une foule de maux, et, par suite, la privation de toute considération : jamais ils n'en obtiènent ceux qui s'abandonnent à leurs plaisirs ; et si auparavant ils ont mérité quelque estime, leur changement de situation la leur fait perdre sans retour.

Je sais que nos goûts sont les mobiles de nos actions ; mais si nous les dirigeons, s'ils ne nous entraînent pas avant que nous y ayons réfléchi, ils ne deviendront pas nos maîtres, et pour les satisfaire, nous ne ferons rien qui soit nuisible à nous-mêmes. En nous créant des désirs, la nature toujours juste, nous a doués de la faculté de reconnaître le point où nous devons les borner, pour que leur excès ne nous cause aucun mal : en même temps, elle nous a donné la force de résister à la tentation que nous aurions d'abuser des choses qui nous flattent le plus, et d'en régler la jouissance pour notre propre intérêt. Nier ces vérités, ce serait prétendre que nous ne sommes pas libres. L'homme qui ne règle pas ses goûts, agit donc contre la volonté de la nature, puisqu'il ne fait pas de ses facultés intellectuelles l'usage qu'elle lui a indiqué. Il se prive ainsi de cette douce satisfaction que procurent les plaisirs modérés, et qui seule peut rendre l'existence agréable. Celui qui ne sait pas se vaincre, est l'ennemi de lui-même ; il s'expose à tous les dangers qui naissent de sa faiblesse ; il se couvre de honte et de mépris ; il ne peut jamais espérer de bonheur.

5°. Pour prendre sur soi tout l'empire que doit exercer la raison, le plus sûr moyen est d'employer utilement le temps dont se compose la vie. Les personnes désœuvrées sont plus sujettes à être entraînées par leurs passions. C'est par l'exercice des facultés intellectuelles qu'on réussit le mieux à se rendre maître de soi-même. En effet, les individus qui ne font usage que des forces du corps, sans cultiver leur esprit, sont les plus grossiers, les moins réfléchis, et les moins capables de résister à des désirs criminels. Rien donc d'étonnant si la culture des lettres, des sciences et des beaux arts, contribue si efficacement à perfectionner la civilisation des peuples. Au surplus, si l'homme qui fait constamment usage de ses facultés intellectuelles, est plus assuré de maîtriser ses passions, celui qui occupe uniquement ses bras, est encore moins près de succomber à la tentation du mal, que l'individu plongé dans le désœuvrement.

Pour la plupart, les hommes sont obligés de travailler pour se procurer leur subsistance. Cette heureuse nécessité est un stimulant suffisant pour les forcer à prendre une profession, selon leur intelligence, et la classe où ils sont nés. A l'égard de ceux qui ont assez de bien pour vivre, ils ne sont pas moins tenus, s'ils veulent jouir d'une véritable satisfaction, de s'appliquer aux soins qu'exige la conservation de leurs richesses, et l'usage honnête qu'ils doivent en faire : s'ils ne s'imposent aucune occupation, ils sont bientôt en proie à tous les vices qu'engendre l'oisiveté.

Ainsi, pour son propre intérêt, il n'est personne qui, si son travail lui est nécessaire, ne doive embrasser un état. Est-il au-dessus du besoin par sa fortune ? Qu'il se livre librement aux sciences et aux arts, suivant que le lui permettent ses facultés intellectuelles. On verra plus loin ce qui concerne l'obligation de travailler pour l'utilité de la société. Je ne considère maintenant l'emploi du temps, que par rapport à l'avantage qu'on en retire soi-même : cependant on peut prédire à celui qui ne se rend point utile à ses semblables, qu'il ne sera pas heureux ; la société ne doit rien à un membre qui ne fait rien pour elle : il est insupportable aux autres comme à lui-même.

§ II.

De l'estime, de la gloire et des honneurs.

Une règle bien importante à suivre pour notre propre bonheur, est d'apprécier à leur juste valeur l'estime de nos semblables, la gloire et les honneurs qu'ils dispensent. Quand nous en jouissons, ils ne doivent pas plus ralentir notre zèle pour vivre honnêtement, que leur privation ne doit nous décourager, si le refus qu'on nous fait de ces mêmes avantages est injuste.

1° L'ESTIME. C'est cette bonne opinion que l'on prend d'une personne qui se distingue par la pratique de la justice parfaite, en remplissant tous ses devoirs, tant ceux du for extérieur que du for intérieur. Ainsi, pour être estimable, il faut avoir la volonté constante, non seulement de ne jamais faire mal à autrui, mais encore de lui faire tout le bien qu'on peut, et que les actions attestent cette louable disposition. Il n'est personne qui ne doive travailler à obtenir ce genre de réputation, sans laquelle il n'y a pas de bonheur. Elle est à la portée de tous les individus ; car elle s'acquiert par l'habitude d'une bonne conduite. Voilà pourquoi il est si honteux de ne jouir d'aucune estime. On ne peut donc pas trop en exciter le désir chez les hommes, puisqu'on ne le satisfait qu'en remplissant tous ses devoirs.

Il y a des personnes qui ne prennent que le masque de la probité, pour obtenir de la considération, sans se donner la peine de la mériter. Mais, il arrive un moment où l'on cesse d'être la dupe de leur hypocrisie, et on les couvre d'un mépris proportionné aux efforts qu'elles ont faits pour tromper. Le seul moyen d'acquérir et de conserver une bonne réputation, est donc de suivre sincèrement toutes les impulsions de la conscience, et tous les conseils de la raison.

Il ne faut pas se le dissimuler, quelqu'attentif que l'on soit à n'agir qu'avec probité, sagesse et prudence, on n'est que trop souvent la victime de la calomnie, qui éloigne l'estime à laquelle on a droit de prétendre. D'autres fois des préventions mal fondées nous présentent sous des apparences trompeuses, et portent nos semblables à prendre de nous mauvaise opinion. C'est alors qu'une bonne conscience est d'un grand secours ; elle seule nous console de l'injustice des hommes. Alors aussi on sent la nécessité d'admettre l'existence d'un Être Suprême. La persuasion où l'on est qu'il voit notre innocence, qu'il pèse nos actions, qu'il leur accordera la récompense qui leur est refusée sur la terre, nous procure une sorte de dédommagement que rien ne peut ravir. Il avait sans doute éprouvé les malheurs de l'injustice humaine, le philosophe à qui l'on doit cette belle pensée : « *Si Dieu n'existait pas il faudrait l'inventer.* » Tant une religion est utile aux hommes !

2° LA GLOIRE. C'est la haute renommée que des faits extraordinaires ou des productions de génie procurent à leurs auteurs. On obtient quelquefois de la gloire, quoiqu'on ne soit pas digne d'estime. Tel est celui dont les mœurs sont dépravées, et qui néanmoins fait des actions brillantes, ou des ouvrages recommandables. Combien sa réputation est flétrie ! Plus ce qu'il présente à l'attention publique a d'éclat, plus ses vices paraissent hideux, parce qu'on les remarque davantage. Que le sort de l'homme estimable qui devient célèbre est différent ! Le respect pour ses vertus augmente la considération qu'on lui porte, et le rend infiniment plus cher à la société.

La gloire est un véhicule si puissant pour exciter les hommes aux grandes choses, qu'il faut remercier la nature de leur en avoir donné le goût. Cependant la célébrité n'est digne d'envie que quand elle est acquise par des moyens honnêtes et avec le désir d'être utile autrement elle n'est d'aucun prix, ou plutôt ce n'est pas de la gloire, c'est une vaine renommée qui n'attire que de la haine. L'ambitieux peut réussir à satisfaire sa passion ; mais peut-il prétendre à la reconnaissance de ses semblables ? et cependant elle seule transmet aux siècles futurs les noms des bienfaiteurs de l'humanité.

Celui qui se distingue éminemment, soit par sa valeur ou sa générosité, soit par ses talents, obtient une grande prépondérance, un grand crédit. Il est de son devoir de n'en faire usage que pour opérer du bien ; à plus forte raison ne doit-il jamais s'en prévaloir pour nuire à autrui. Plus sa célébrité le met en évidence, plus facilement elle se ternit par les injustices dont il se rend coupable ; au contraire, elle brille d'un nouvel éclat, si sa conduite répond à l'attente générale. Quelque méritée que soit la considération dont il jouit, on ne la lui accorde que sous la condition qu'il ne cessera pas d'en être digne. Chaque individu, suivant le vœu de la nature, est tenu d'employer toutes ses facultés au profit de la société ; par conséquent nos engagements à lui devenir utiles s'étendent en proportion de l'opinion que nous donnons de notre supériorité d'âme ou d'esprit. Peut-être est-il plus facile d'acquérir de la gloire, que d'en soutenir le poids.

3° Les honneurs. Ce sont des témoignages extérieurs et des démonstrations qui marquent la considération et le respect accordés, soit à la dignité dont quelqu'un est revêtu, soit à son mérite personnel.

Le désir des honneurs est dans l'ordre de la

nature, parce qu'elle en fait un motif d'émulation. Trop fréquemment on reçoit des honneurs sans jouir d'aucune estime, et plus souvent encore sans avoir acquis le moindre degré
de gloire, comme lorsqu'on arrive aux digni-
tés par le sort, l'intrigue, ou la corruption,
et qu'on ne sait pas justifier ensuite la préférence qu'on a obtenue. L'homme à qui on rend
des honneurs qu'il n'a pas mérités, éprouve
sans cesse, de sa propre conscience, des hu-
miliations qui empoisonnent ses jouissances.
Les tourments en sont d'autant plus grands,
qu'il est plus assuré du mépris dont le couvrent ceux-mêmes qui lui donnent forcément
des marques extérieures de déférence : ajoutez l'envie de ses concurrents déçus, et la
critique de sa vie publique et privée.

Combien les honneurs qui ne sont pas désa-
voués par ceux qui les accordent, rendent véritablement heureux ! Le premier devoir pour
soi-même est donc de mériter l'estime générale, quand on jouit de quelques honneurs.
Alors aussi la gloire est un but auquel on doit
s'efforcer de tendre pour sa propre satisfaction.
Cependant on n'est pas toujours maître d'y
atteindre ; il faut des qualités peu ordinaires, et

que les occasions de les développer se présentent. Ainsi, l'homme dans les honneurs fait assez quand il se rend estimable ; ce qui suppose l'emploi de toutes ses facultés au bien de ses semblables, l'exercice de ses fonctions avec justice, et sans orgueil. Il est sûr de se faire haïr, s'il est fier et insolent. Qu'il est difficile à l'être revêtu d'autorité, de joindre la modestie à la dignité !

§ III.

Usage des richesses pour soi-même.

Tout individu cherche à s'enrichir, parce que dans l'ordre social on se procure un nombre d'autant plus grand d'objets utiles et agréables, qu'on possède une plus grande quantité de biens. La nature qui n'a destiné l'homme à vivre en société, que pour lui faciliter la jouissance des choses qu'elle a mises à sa disposition, lui permet donc de devenir riche. Mais, s'il veut être heureux par la possession de ce qu'il peut se procurer, il doit borner son désir d'amasser, et ne rien acquérir que par des voies licites. Est-il un instant de paix dans l'âme de celui qui ne met aucun terme à son ambition ? Quels dangers ne court-il pas, lorsque pour s'enrichir il emploie des moyens criminels ? Il voit sans cesse la vindicte publique qui le poursuit, et qui toujours est prête à le saisir. D'ailleurs, quel bonheur peut-il espérer, quand il est couvert de la haine et du mépris de ses semblables ? Au lieu de trouver de la consolation dans sa propre conscience, il est continuellement tourmenté par des remords qui le privent de tout repos, par la crainte, soit des peines qu'infligent les tribunaux, soit des châtiments que réserve l'Être Suprême aux méchants qui échappent à la vengeance humaine.

Quand on est assez heureux pour acquérir des richesses par des moyens honnêtes, le plus difficile est d'en faire un usage approuvé par la raison. Quoique la fortune n'ait que peu de favoris, en comparaison de ceux qu'elle ne seconde pas, néanmoins, parmi les individus envers qui elle se montre généreuse, il en est un bien petit nombre qui sache convenablement user des dons qu'elle leur accorde. Combien est affreux le sort de ces êtres rongés par l'avarice, et qui se condamnent volontairement au supplice de Tantale ! Dans l'abondance ils se laissent manquer du nécessaire, s'inquiètent pour l'avenir ; et aux privations qu'ils s'imposent, vient se joindre la haine que leur attire l'indigence volontaire qu'ils affectent si honteusement.

Les prodigues, les dissipateurs, ne trouvent pas plus de tranquillité ; ils se plongent témérairement dans une misère d'autant plus douloureuse, que leurs richesses étaient plus considérables. Le mépris dont ils se couvrent augmente leur malheur, qui est sans ressource, parce qu'ils n'inspirent aucune pitié.

Ne croyez pas que l'égoïste qui n'est ni avare, ni prodigue, mais qui n'emploie ses biens que pour son utilité personnelle, soit plus satisfait de lui-même. Il lui manque le témoignage de sa conscience et l'estime publique, sans lesquelles il n'y a pas de vrai bonheur : on ne l'obtient jamais quand on ne vit que pour soi.

Il est juste que l'homme qui possède du bien, se procure à lui-même et à sa famille toutes les commodités de la vie ; mais il est de son propre intérêt, s'il a du superflu, de l'employer à secourir les malheureux. Veut-il goûter des délices ineffables? qu'il n'attende pas que le cri du désespoir viène affliger son cœur ; qu'il aille plutôt au-devant des besoins d'un père de famille ruiné par des malheurs, d'un homme laborieux qui manque de pain, faute de travail ; d'une veuve surchargée d'enfants restés sans ressource, d'orphelins en bas âge, et dont personne ne prend soin, parce qu'ils sont pauvres ; qu'il aide l'industrie peu fortunée, qu'il encourage les arts, qu'il s'intéresse dans des entreprises utiles. Chéri, estimé, honoré, il sentira que les richesses par elles-mêmes donnent des soucis, des embarras, et qu'elles ne rendent vraiment heureux que par le bon usage qu'on en sait faire.

De tout temps on a regardé les riches comme obligés de consacrer leur superflu en bonnes œuvres. C'est une conséquence de l'ordre social ; et si la nature a elle-même prescrit aux hommes de vivre en société, il est évident que vient d'elle aussi le devoir de ne laisser souffrir aucun individu par le manque du nécessaire. Il n'en est pas un qui, en adhérant au pacte social, n'y ait mis la condition tacite qu'il trouvera plus sûrement dans la société les moyens de subsister. Si ses associés gardent pour eux tout ce qui excède leurs besoins, ils rompent avec lui le contrat, et le forcent à rentrer dans la plénitude de sa liberté primitive, pour se procurer comme il pourra ce qu'ils lui refusent.

On ne peut donc pas douter que des secours sont dûs aux indigents, selon le droit naturel, par ceux qui possèdent au-delà de ce qui leur est nécessaire. Mais l'impossibilité de fixer pour chacun en quoi consiste son superflu, n'a pas permis aux hommes de prononcer des peines pour contraindre à la pratique de ce devoir. Il est resté dans la classe de ceux qui ne sont prescrits que dans le for intérieur. Il n'en est pas moins sacré : aussi l'estime que s'acquièrent les personnes qui ne le négligent pas, n'en est que plus précieuse. Voilà pourquoi, sans doute, la bienfaisance contribue si efficacement au bonheur particulier de celui qui exerce cette vertu des belles âmes. Si elle est un de nos devoirs envers les autres, elle est évidemment aussi un de ceux que nous devons remplir pour notre propre utilité. Non seulement elle nous apporte une satisfaction intérieure d'un prix incalculable, mais encore elle nous gagne la considération publique, si importante même pour les riches.

Quel que soit l'avantage de posséder de grands biens, il est plus essentiel encore de savoir se consoler de leur absence. Quand on considère toutes les peines qu'il faut se donner, toutes les inquiétudes qu'il faut endurer, soit pour acquérir de la fortune, soit pour la conserver; quand on réfléchit qu'il est difficile d'en faire un usage qui ne laisse aucun regret, et qui ne nuise pas à la paix intérieure; enfin, quand on connaît toutes les obligations que leur jouissance impose, il est aisé à l'homme de ne pas s'affliger d'être privé de superflu. Celui qui n'en a jamais eu, peut en endurer plus facilement la privation, que celui qui n'est pas habitué à s'en passer. Un des devoirs envers soi-même, est donc de se prémunir contre les revers de la fortune, afin de les supporter avec résignation. Ils sont d'autant plus affreux, qu'on s'y est moins préparé; jamais la paix de l'âme n'en est troublée chez l'honnête homme, qui s'est accoutumé à ne pas fonder son bonheur uniquement sur les richesses, surtout lorsqu'il n'a pas mérité leur perte.

§ IV.

Usage des facultés corporelles pour soi-même.

Le corps est l'instrument par lequel sont exécutées les actions que l'esprit conçoit et dirige. Par conséquent, dès qu'on exerce ses facultés intellectuelles, suivant ce qui est indiqué par un amour de soi-même bien entendu, on sera certain que celles du corps, qui obéissent, auront une direction également raisonnable. Réciproquement, celui qui s'abandonne aveuglément à ses sens, annonce qu'il fait un mauvais usage de ses facultés intellectuelles.

La première attention qu'on doit avoir dans l'emploi des facultés du corps, est de prendre une quantité suffisante de nourriture, d'exercice, de sommeil, et de ne procurer à ses sens que des jouissances modérées, sans se permettre aucun excès. Pour la conservation et la satisfaction du corps, il faut faire assez, jamais trop.

A moins que l'homme ne soit malade, il

n'est pas nécessaire de stimulant pour l'engager à céder aux désirs de ses sens. Le sentiment de sa propre conservation, les besoins qui se renouvèlent continuellement, sont trop impérieux pour que chaque individu ne soit pas empressé de satisfaire la nature dans ce qu'elle demande. Il est si doux de suivre les impulsions qu'elle donne, que, pour ne s'y pas abandonner avec l'excès qui devient nuisible, l'homme n'a pas trop de toute sa raison. Combien il est important de s'accoutumer de bonne heure aux leçons de ce maître habile, qui, sans cesse, parle à notre intelligence, mais que nous consultons si rarement!

Ceux qui ne subsistent chaque jour que de ce qu'ils ont reçu la veille, ne prènent guère que les aliments qui leur suffisent, parce qu'une plus grande quantité serait au-dessus de leurs moyens. Cependant, pour la plupart, les individus de cette classe, gagnent suffisamment pour se procurer des boissons beaucoup au-delà de leurs besoins; il leur en est offert continuellement à bas prix, et le plaisir de boire est presque le seul qui soit de leur goût: ils sont donc plus particuliè-

rement enclins à l'ivrognerie. Quant aux riches, qui entretiènent leurs tables avec autant d'abondance que de recherche, ils sont
sujets à la gourmandise ; s'ils s'abandonnent
aussi à l'abus des liqueurs, ce n'est pas tant
par la quantité, que par la force et la diversité
de celles qu'ils savourent avec d'autant plus
de contentement, qu'ils les payent plus chèrement.

L'excès dans les exercices agréables du
corps, est assez rare chez les gens assujétis à des travaux journaliers; ils n'ont pas
le temps de se livrer à la dissipation. Il n'en
est pas de même des riches, qui n'ont que
trop de facilité pour se porter avec passion
vers ce qui n'est que délassement: aussi arrive-t-il fréquemment qu'ils abusent de la
chasse, de la danse, de la paume et des
autres plaisirs de ce genre.

Ce n'est pas non plus la partie laborieuse
du peuple qui pèche le plus par le repos ; le
besoin et l'habitude la font sortir de l'état de
nonchalance où aiment à rester beaucoup de
personnes qui ont des revenus suffisants pour
exister.

Un excès commun à toutes les classes de la société, est celui des plaisirs de l'amour. Cependant, on remarquera que l'oisiveté est la source la plus ordinaire des désordres qu'ils causent; par cette raison, s'explique pourquoi ils font moins de mal dans les campagnes que dans les villes, et parmi les personnes qui travaillent, que parmi celles qui ne s'occupent point.

Pour maintenir le corps en santé, il faut donc moins souvent conseiller d'agir que de s'abstenir; la nature nous indique si fortement ce qu'il est nécessaire de faire pour notre propre conservation, qu'il est plutôt à craindre que nous en fassions un usage abusif. Ainsi, une attention bien importante pour soi-même, est d'employer toute sa raison à éviter les excès dans tout ce qui dépend des facultés du corps; sans quoi l'on s'expose à toutes sortes de maux au moral et au physique, outre qu'on se prépare une mort prématurée, en ne se modérant ni au travail ni aux plaisirs. Par exemple, l'abus du vin et des liqueurs spiritueuses, produit des effets si hideux, il a des suites si fâcheuses, qu'il nuit principalement à ceux même qui s'y abandonnent.

Quelle confiance peut-on accorder à des ivrognes ? en voit-on beaucoup prospérer ou vivre long-temps ?

La gourmandise ne procure pas des résultats plus satisfaisants : outre qu'elle détruit les organes de la digestion, et, par là, cause de grandes maladies, elle fait perdre toute considération. Comment donner son estime à celui qui sacrifie ses devoirs au plaisir de manger ; à celui qui, pour se procurer de bons repas, commet de mauvaises actions ; à celui qui ne reconnaît pour amis, pour parents, que ceux qui l'aident à satisfaire son estomac ? Ceux même qui, par leurs fonctions, semblent autorisés à tenir une table splendide, s'ils s'en occupent exclusivement, ne sont-ils pas l'objet de la risée publique ?

Un travail excessif est plus dangereux qu'il n'est profitable : des exemples multipliés prouvent que l'homme qui ménage ses forces, achève plus promptement ce qu'il entreprend et y obtient plus de succès. A plus forte raison est-il pernicieux de prendre sans modération des exercices qui ne doivent servir que de délassement. Les accidents qui en résultent sont d'autant plus pénibles , qu'ils ne laissent aucune compensation à ceux qui en sont les victimes. La gloire dédommage au moins le guerrier des maux qu'il a soufferts par l'emploi excessif de ses forces, dans les camps et dans les combats. La satisfaction de laisser de la fortune à ses enfants , calme en quelque sorte les douleurs qu'un travail outré occasionne à un père laborieux. Mais celui qui tombe malade ou qui devient infirme pour s'être livré avec trop d'ardeur à des exercices de pur agrément, quelle sera sa consolation? Bien loin de le plaindre , l'état fâcheux où il se trouve sera regardé comme une juste punition de ses plaisirs immodérés.

L'excès de repos est aussi funeste à soi-même qu'aux autres. L'homme qui ne peut obtenir sa subsistance que par son travail, tombera dans la misère, et y plongera sa famille , s'il est fainéant. Quant à celui qui n'a pas besoin de travail pour vivre, il s'expose à perdre sa fortune, s'il néglige l'administration de ses affaires. Sa paresse est-elle poussée au point qu'il ne veuille pas même prendre un exercice suffisant? Bientôt cet abandon de lui-même est puni par la perte de sa santé.

De quels maux aussi n'est pas suivie l'incontinence? Outre ceux qu'elle cause aux facultés intellectuelles, elle épuise en peu de temps les tempéraments les plus robustes; et on sait que les personnes qui s'y livrent inconsidérément, ne tardent pas à s'attirer le mépris de leurs semblables.

Concluons : s'il est de droit naturel que nous fassions usage des facultés du corps, d'un autre côté, c'est la nature aussi qui place les bornes dans lesquelles il est de notre intérêt de retenir nos sens. La ligne qui indique jusqu'où vont les véritables besoins, et où commencent les excès, se trouve marquée par tant de maux, que l'homme ne peut jamais s'y tromper ; franchir cette limite, c'est renoncer à son propre bonheur; c'est manquer aux devoirs imposés envers soi-même.

§ V.

Du suicide.

L'usage que l'on peut faire des facultés corporelles, par rapport à soi-même, conduit naturellement à examiner s'il est permis de se donner la mort. Ce n'est pas que je veuille

ici traiter à fond la question du suicide ; elle
demande des développements trop éténdus,
pour convenir à de simples éléments. Je me
bornerai donc à indiquer les principaux motifs
de ceux qui blâment une action aussi contraire
au vœu de la nature. Ce qu'ils disent à ce
sujet, ne peut convenir ni aux athées, qui ne
reconnaissent pas l'existence de Dieu, ni aux
matérialistes, qui ne croient pas que l'âme
survit au corps. Mais la plupart des lecteurs
à qui mon travail peut devenir utile, trouvent
de la consolation à espérer une autre vie après
celle dont ils jouissent sur la terre, et à reconnaître une puissance souveraine qui régit
l'univers, et rend justice à ceux à qui les
hommes l'ont refusée.

Dès qu'on admet un Être Suprême, il faut
bien croire que c'est lui qui nous impose la
tâche de la vie, et qu'il a droit de nous en demander compte. Nous sommes placés sur la
terre, comme un soldat dans une armée ; il y est
exposé à toutes les causes de mort qui l'envi-
ronnent, sans qu'il lui soit permis ni de déserter,
ni de se tuer lui-même. Ce serait une lâcheté
s'il aimait mieux s'enfuir ou se détruire, que
de supporter les travaux militaires ; bien plus,

ce serait un tort qu'il causerait à la patrie : elle compte sur le courage et les efforts de ceux à qui elle a confié sa défense. S'ils avaient le droit de préférer aux combats la fuite ou le suicide, l'Etat pourrait tomber dans le plus grand danger. Le soldat qui se tuerait lui-même commettrait donc une véritable trahison; il serait encore plus coupable que s'il désertait, car sa perte serait irréparable. Il en est de même de chaque individu à qui la vie est confiée. Quoique nous ignorions pourquoi nous naissons à présent plutôt qu'à une autre époque, il n'en est pas moins vrai que nous ne paraissons sur la terre que pour y entretenir, pendant un temps, la chaîne des êtres dont se compose l'ordre admirable établi entre eux. Chacun de nous est donc tenu de remplir la durée de la vie qui lui est imposée, sans qu'il lui soit permis de l'abréger ; autrement il est rebelle aux ordres du maître de l'univers, ou, si l'on veut, à la nature.

Dira-t-on qu'il n'est pas suffisamment démontré qu'une autre existence nous soit réservée après la mort ? Ceux qui tiennent ce langage n'ont, au surplus, que des doutes, et l'incertitude seule ne doit-elle pas les faire

trembler, et les laisser dans une perplexité affreuse ? Combien il est préférable d'espérer
une autre vie ! cette bienfaisante croyance
procure de grands motifs de consolation dans
les peines, et un puissant encouragement pour
se conduire honnêtement. Il n'est personne
qui n'envisage, avec crainte, le moment de
la mort ; l'inquiétude qu'éprouve alors , malgré lui, l'homme doué de l'esprit le plus fort,
n'est tempérée par aucun espoir; au contraire,
celui qui se flatte de vivre , après avoir quitté
le séjour terrestre , envisage avec calme, la
récompense des bonnes actions dont il a rempli sa carrière humaine, et où souvent il n'a
éprouvé que des chagrins. Comment expliquer ce sentiment intérieur et irrésistible de
justice, chez celui qui , pendant sa vie, n'a
vu et ressenti qu'injustice , s'il n'était per-
suadé qu'après la mort , tous les hommes seront jugés ?

Chaque individu , ajoute-t-on , n'est-il pas
libre de chercher ce qui lui fait du bien , et
de fuir ce qui lui fait du mal ? Tel est le droit
naturel : par conséquent, il n'est pas défendu
de se débarrasser de la vie, si elle n'occasionne
que des tourments insupportables.

Je réponds que la liberté de choisir ce qui lui est bon , et de rejeter ce qui lui fait mal , n'est donnée à l'homme que pour les choses sur lesquelles il a la faculté de porter son jugement. Admettre le contraire, ce serait nous dégager de l'obligation de consulter la raison dans toutes nos actions ; ce serait renverser la base sur laquelle repose l'ordre social. Il est ordonné à chaque individu de vivre , et il ne lui est pas permis de comprendre pour quelle fin : donc, il n'a pas la faculté de juger en quoi, et pour combien de temps il est utile sur la terre ; donc il n'est pas le maître de la quitter à sa volonté sans s'opposer aux desseins que l'Etre Suprême lui a cachés. L'homme n'ayant aucune influence sur sa naissance, il ne doit pas en avoir sur sa mort. Tout ce qui est entre ces deux termes, c'est-à-dire, dans la vie , est à la disposition de chaque être, parce qu'il a reçu des lumières suffisantes pour en faire un bon usage ; mais son intelligence ne s'étend pas sur les causes qui ont commencé et qui doivent finir son existence.

Il n'est donc pas vrai de dire que la vie ayant été donnée à l'homme, il peut s'en défaire comme d'une chose qui lui appartient. Il ne l'a pas reçue à titre de propriété ; c'est un simple dépôt qu'il est obligé de conserver aussi long-temps que le juge convenable le maître qui le lui a confié. Il y a une cause de notre existence ; si elle nous est cachée, n'est-ce pas une preuve qu'il nous est défendu d'en raisonner, et par conséquent de la faire cesser quand il nous plaît ? Ainsi la vie est évidemment une charge qui nous est imposée par une autorité supérieure ; et il n'y a point d'autorité sans le pouvoir de punir les infractions à ses ordres.

N'ayant pas demandé à paraître au nombre des êtres créés, on veut en conclure que nous n'avons pas contracté l'obligation de rester parmi eux. Ce raisonnement pèche en ce qu'il suppose qu'entre le créateur et la créature, il se forme des engagements par le consentement mutuel, comme entre les hommes, ce qui est évidemment absurde. Il plaît au maître de l'univers de nous donner l'existence, et nous n'avons aucun moyen, aucun droit, de lui demander la raison de sa volonté. Voilà pourquoi il ne nous permet de connaître ni les causes, ni les fins de son œuvre. Une soumission absolue et sans bornes à ses desseins, est le seul parti que nous ayons à prendre pour ne pas nous exposer à être traités en rebelles.

Quand nous mourons par une cause étrangère à notre volonté, c'est Dieu, dit-on, qui nous ôte la vie ; donc, si elle devient insupportable, n'est-ce pas Dieu qui nous ordonne de nous en délivrer ? Non certainement : la seule conséquence qui résulte des peines de la vie, c'est que ce dépôt est difficile à garder, et que, bien loin de l'abandonner, il faut redoubler d'efforts pour le conserver. Plus sont grandes les tribulations qui nous arrivent, plus il faut de courage pour les supporter, et par conséquent, plus nous serons certains d'en être indemnisés, après que l'Etre Suprême nous aura délivrés de ce fardeau pénible.

Ainsi, en ne considérant que la volonté de Dieu, qui nous fait naître quand il lui plaît, pour des fins qu'il nous tient cachées, on voit que lui seul peut marquer l'époque où il lui convient que nous cessions d'exister. Se tuer soi-même, est donc une véritable rébellion à ses décrets. C'est aussi une marque d'ingratitude envers lui : car, la vie qu'il nous donne est certainement un bienfait, tant à cause des jouissances plus ou moins grandes qu'on y peut trouver par une bonne conduite, qu'à cause du bonheur qui nous est promis après la mort, et qu'on ne peut espérer que quand on a rempli la vie avec probité et courage.

Suivant la morale et la raison qui, abstraction faite de ce qui nous attend après la mort, doivent nous servir de règle ici bas, il n'est pas permis davantage à l'homme de se tuer. Il dérange la suite des êtres créés, il rompt un des anneaux de la chaîne dont il fait partie, sans pouvoir jamais prévoir le tort qui en peut résulter. Il n'y a pas d'événement, quelque peu important qu'il paraisse, qui ne soit une cause, et qui n'ait des effets impossibles à calculer.

Si on admettait que chaque individu est libre de disparaître à sa volonté, il s'ensuivrait que tous ayant le même droit, les plus grands désordres pourraient arriver dans la masse entière des créatures. Il n'y aurait rien de sûr, ni pour les nations, ni pour les particuliers, et on ne pourrait compter sur aucun des événements disposés par la nature. En un mot, il répugne au bon sens que l'ordre social puisse être détruit par ses propres éléments.

Quelques philosophes de l'antiquité ont professé une doctrine toute opposée, je ne puis le nier. « La terre, dit Pline, produit » divers poisons, afin que ceux qui sont las » de vivre, ne soient pas obligés de se servir » d'un genre de mort moins commode que ce- » lui d'avaler une liqueur empoisonnée. » Le croirait-on ? Horace, lui-même a dit, que sauver celui qui veut se donner la mort, c'est faire une action aussi blâmable que si l'on commettait un homicide: *Invitum qui servat, idem facit occidenti.* On ne peut pas regarder l'opinion funeste de ces écrivains comme une autorité. Des maximes aussi évidemment anti-sociales, et qui, heureusement ne se trouvent pas dans des ouvrages faits pour enseigner la morale, n'ont sans doute été dictées que par des préjugés. Ce n'est pas ainsi que pensait l'autorité : les lois romaines ordonnaient la confiscation des biens de ceux qui se tuaient volontairement. Que dirions-nous aujourd'hui d'un auteur qui, pour légitimer le duel, s'autoriserait des temps où les préjugés de l'ignorance l'avaient mis en honneur, et même où il était ordonné par jugement ? La théorie des sociétés nationales est trop perfectionnée maintenant, pour ne pas proscrire tout ce qui tend à leur subversion, ou même à les troubler.

En nous donnant l'existence, la nature elle-mêmefait naître en nous un attachement irrésistible à la vie ; elle nous force, par un penchant qui est son ouvrage , de nous occuper sans cesse de notre conservation. Ce n'est pas elle qui inspire aux malheureux le désir de se tuer ; elle les retient souvent par la perspective d'un avenir plus doux, et toujours ou par la crainte d'un sort plus rigoureux après la mort, ou par l'espoir d'obtenir dans l'autre vie une récompense proportionnée aux peines qu'ils souffrent sur la terre.

Dans tous les siècles cependant, on a vu des hommes sourds à cette voix de la nature, se donner la mort, plutôt que de vivre accablés de maux dont ils ne voyaient pas le terme. Quelque multipliés que soient de pareils exemples , le nombre en est infiniment petit, par rapport à la masse entière des individus qui paraissent surchargés de la vie. Tous les êtres qui composent le genre humain, sont portés naturellement à conserver leur existence, quelles que soient les peines qu'elle leur occasionne. Les suicides ne sont donc que des exceptions à la règle générale ; ce qui, loin de la détruire, ne sert qu'à la confirmer, suivant cet axiôme si connu : *exceptio confirmat regulam.*

En effet, si on observe bien chaque accident de cette espèce, on voit que la plupart des personnes qui se détruisent , n'ont été poussées à cet excès, que par la violence d'une passion, ou d'une maladie, c'est-à-dire, par une cause capable d'affecter leurs organes, et de troubler leur raison. Ceux même qui ne paraissent avoir pour motif que des chagrins, ou le dégoût de la vie, ont évidemment l'esprit dérangé ; car un sentiment aussi prononcé que celui qui attache tous les hommes si fortement à l'existence, ne peut pas être détruit dans un individu, sans que ses facultés n'aient éprouvé quelqu'altération. Un fait connu vient à l'appui de ma proposition. En 1816, dans une petite ville située à deux milles de Berlin, un soldat, victime d'un amour malheureux, se jète dant la rivière. Il en est aussitôt retiré et mis sous une surveillance sévère. Ayant trouvé le moyen de s'échapper, il veut de nouveau se jeter dans les flots. Un de ses camarades court après lui , menace de lui tirer un coup de fusil dans la tête, s'il ne retourne à l'instant sur ses pas. L'infortuné obéit, et la crainte d'être tué le fait renoncer au projet de se noyer. Telle est la force indomptable du sentiment involontaire de notre propre conservation ; et voilà la preuve qu'on ne peut y résister, à moins que l'esprit ne soit aliéné.

Cette vérité nous explique pourquoi chez des peuples dont la civilisation a été perfectionnée par les lumières de la philosophie, on ne punit plus le suicide, on ne traîne plus le cadavre du coupable avec ignominie. Cependant, il ne cesse pas d'être démontré que se donner volontairement la mort, c'est désobéir à l'Etre-Suprême, troubler l'ordre social, blesser la morale et offenser la raison. Mais on est tellement convaincu de l'impossibilité de résister au penchant naturel de conserver sa vie, tant qu'on n'est atteint d'aucune affection mentale, que les malheureux qui se tuent sont considérés comme ayant éprouvé de l'altération dans leurs facultés intellectuelles. L'autorité humaine, pour n'être pas injuste, est forcée de supposer malade tout individu qui se donne la mort, et de laisser à l'Etre-Suprême le soin de le juger.

Un autre principe qui ne fait pas moins d'honneur à la législation perfectionnée, c'est que les fautes y sont regardées comme personnelles : la honte des peines infligées à ceux qui commettent des crimes, ne retombe plus sur leurs parents. Or, en supposant que le suicide ne soit pas toujours causé par un dérangement de l'esprit, il n'en est pas moins certain qu'on ne peut pas punir le coupable, puisqu'il n'existe plus : on ne peut pas davantage punir sa famille, puisque les fautes sont personnelles. Les législateurs philosophes ont donc agi sagement en abandonnant à la justice divine ceux qui sortent de la vie volontairement.

Doit-on traiter de même celui qui coopère à un suicide ? L'histoire nous en fournit quelques exemples. On voit par les uns, soit l'enthousiasme de l'amitié, soit le fanatisme de l'honneur, aider à se délivrer de la vie celui pour qui elle est ou un supplice ou une honte. D'autres nous montrent le dévouement aveugle de serviteurs fidèles, qui croyaient rendre un dernier service à un maître aimé, en armant le bras dont il voulait se donner lamort. Montaigne, au chapitre XIII du livre II, rappèle différents traits de ce genre, tirés de l'antiquité. Il en cite un aussi, qui date de son temps ; mais on ne voit jusqu'alors la mention d'aucune peine infligée aux complices des suicides.

Dans un ouvrage publié à Leipsick, en 1809, sous le titre de *Traits caractéristiques pour servir à l'histoire des égarements de l'esprit humain*, on trouve la condamnation à mort d'un soldat prussien qui, en 1703, trop docile aux prières de son camarade, l'avait haché en morceaux. Celui-ci avait résolu ce genre de mort, pour expier un crime qu'il avait commis dans sa jeunesse. Une condescendance aussi barbare pour les volontés d'un fou, a été regardée avec raison, non pas comme une complicité, mais comme étant par elle-même un crime atroce, qui méritait la peine capitale.

A la fin de février 1817, à Paris, la fille Leruth avait été payée par un particulier pour l'aider à se tuer. Il mit la pointe d'un bistouri sur sa poitrine à nu, prit la main de cette fille, pour enfoncer le fer avec plus de force. Au même instant, croyant entendre du bruit, il ordonna à la fille Leruth de se retirer, ce qu'elle fit. Ce particulier, promptement secouru, guérit de sa blessure. La fille Leruth fut seule mise en jugement, et le jury déclara qu'elle n'était pas coupable d'assassinat volontaire, mais qu'elle avait porté une blessure grave à un homme. Elle fut donc condamnée à dix ans de réclusion, malgré la déclaration du particulier, qui convenait lui avoir lui-même conduit la main.

Les deux condamnations dont on vient de parler ont été déterminées par les circonstances. La fille Leruth avait eu l'infamie de recevoir le prix du sang qu'elle avait consenti à répandre : ce qui ne permettait pas de croire que l'aliénation momentanée de sa raison fût la cause de sa mauvaise action. Ainsi, ces exemples n'éclaircissent point la question ; il reste toujours à examiner si le complice d'un suicide, lorsqu'on ne lui reproche que sa complaisance, doit être puni par l'autorité humaine.

Je ne balance pas à me décider pour l'affirmative. Celui qui se donne la mort fait certainement une action injuste, comme je l'ai démontré. S'il n'est prononcé contre lui aucune condamnation, c'est qu'il n'est pas possible, dans le for extérieur, de connaître s'il a été ou non poussé à cet excès par un dérangement d'esprit. Voilà pourquoi Dieu, qui seul peut scruter les consciences, est aussi le seul qui ait droit de faire justice d'un pareil crime. D'ailleurs, quelle peine peut-on infliger à un être qui n'existe plus? Serait-ce pour l'exemple? Que sert-il quand on a l'esprit égaré? Nous ne pouvons pas dire la même chose du complice d'un suicide. On n'a aucune raison de présumer qu'il ait agi par suite d'aliénation mentale. Les causes qui égarent celui que la vie importune, sont étrangères à son complice, dont la raison n'en peut pas être troublée. La folie de ce dernier ne doit donc pas se présumer ; elle n'est admissible que quand la preuve de sa démence est administrée, comme dans la poursuite de tout autre délit. Celui qui a aidé un homme à se détruire, est d'autant plus répréhensible, que son devoir, bien loin de le porter à cette mauvaise action, était d'employer tous ses moyens pour l'en détourner. Elle n'aurait pas eu lieu s'il s'y était refusé, puisque l'individu qui cherchait un aide pour terminer sa vie, ne pouvait pas se résoudre à se tuer lui-même, ou qu'il lui manquait de quoi se procurer le seul genre de mort qu'il désirait.

ARTICLE IV.

Des devoirs naturels envers autrui.

Les hommes étant destinés par la nature à vivre ensemble, elle leur impose des devoirs non seulement envers Dieu et envers eux-mêmes, mais encore envers leurs semblables. On ne parle pas ici des devoirs envers autrui qui sont imposés par les institutions humaines; ceux qui se font connaître dans le for intérieur forment seuls la matière de cet article. Ce n'est pas que plusieurs de ces devoirs ne soient aussi imposés formellement par l'autorité du for extérieur; mais c'est pour mieux en assurer l'accomplissement; et si ce qui est ainsi réglé présente quelques modifications, elles appartiènent au droit positif. Maintenant nous ne nous occupons que des règles de conduite envers autrui, selon les intentions de la nature.

1° Elle nous défend de faire du mal à qui que ce soit; 2° elle excepte le cas où l'on est forcé de se défendre; 3° elle excepte aussi le cas d'une nécessité absolue ; 4° elle ordonne de réparer le mal qu'on a fait volontairement ou par nécessité ; 5° elle ne permet pas la vengeance, ni par conséquent le duel ; 6° sa volonté est que l'on fasse à autrui tout le bien qu'on peut ; 7° nous sommes obligés, suivant elle, de faire usage des richesses d'une manière qui soit utile à nos semblables ; 8° elle nous commande d'avoir de la reconnaissance pour nos bienfaiteurs, et condamne l'ingratitude ; 9° C'est elle qui nous prescrit de remplir nos engagements envers autrui.

Ces divers objets vont être appliqués dans autant de paragraphes.

§ Ier.

De l'obligation de ne faire mal à personne.

Le premier devoir de l'homme envers ses semblables, est de ne leur faire aucun mal : *neminem lædere* est une des bases sur lesquelles Justinien fait reposer le droit. Ce précepte est si fortement imprimé dans la conscience de ceux même qui sont les moins éclairés, qu'il n'est pas besoin de l'enseigner ;

il est senti par toutes les créatures humaines.
De la nécessité où elles sont de vivre en commun, naît évidemment l'obligation de ne se
point nuire les unes aux autres, sans quoi il
leur serait impossible de se maintenir en société. Ainsi, c'est la nature elle-même qui
nous défend de faire à autrui ce que nous ne
voudrions pas qu'il nous fît.

Pour porter les hommes à accomplir ce
devoir, elle en fait dépendre le bonheur qu'elle
leur promet. En effet, que de maux se prépare l'individu qui n'est pas attentif à ne blesser personne ! Il s'expose au mépris de tous
ceux qui connaissent la violence de son caractère, à la punition qui est infligée par la société pour toute mauvaise action, et souvent
aux suites fâcheuses d'une vengeance particulière ; car quoiqu'elle ne soit jamais permise,
elle n'en est pas moins à craindre de la part
d'un adversaire qui ne sait pas toujours contenir son ressentiment.

L'amour de soi-même est le premier moteur
de l'homme : c'est ce qu'a si bien démontré
Larochefoucaud. La nature, dit-on, serait donc
en contradiction, si elle exigeait que chaque

individu ne se préférât pas à tous les autres, sans avoir égard au mal qu'il leur fait souffrir.

Non, la nature n'est point inconséquente. En nous donnant l'amour de nous-mêmes, elle nous a aussi donné le besoin de vivre avec nos semblables. Elle a donc voulu que chacun travaillât à son propre bonheur de la seule manière qui est possible dans l'état de société; c'est-à-dire, sans nuire à autrui, puisque, sans cette condition, nul ne serait assuré de conserver ce qu'il s'est procuré par l'usage de ses facultés. Point de milieu, l'homme qui veut se livrer à l'amour de soi même exclusivement, doit rester isolé; plus de droit pour lui aux avantages de l'union sociale. S'il n'a pas la force de résister au besoin impérieux de se réunir aux autres hommes, s'il ne trouve pas sur la terre un coin où il puisse commodément exister sans eux, il est forcé de les traiter comme il désire qu'on le traite lui-même. De là le devoir de chercher son bien-être sans leur nuire, et même de leur faire tout le bien qu'il pourra, pour avoir droit d'en obtenir de pareils services. L'amour de soi, ainsi modifié, est un sûr moyen que la nature emploie pour le maintien de la société. Chaque membre veillant particulièrement à sa propre conservation, le corps entier est gardé dans toutes ses parties ; il n'en est que plus solidement établi.

L'obligation de n'offenser personne est donc la première qui dérive de l'ordre social, parce qu'elle est la plus nécessaire pour le conserver. Si elle n'est pas strictement remplie, nulle tranquillité n'est à espérer entre les hommes. Il serait même impossible qu'il se formât une union entre des individus qui se croiraient permis d'être injustes les uns envers les autres.

Remarquons aussi que plus ce devoir est important, plus il se fait connaître facilement aux intelligences les moins étendues, par le seul instinct qui nous éloigne de tout être malfaisant. Il n'est donc pas nécessaire d'avoir une grande portion de raison, pour distinguer en quoi on peut nuire à ses semblables. Chacun discerne sans peine une action capable de leur causer du tort. Qui peut ignorer qu'on fait du mal à celui dont on attaque, ou la personne, ou l'honneur, ou la propriété ? Est-il besoin d'enseigner qu'il ne faut ni frapper, ni blesser, ni tuer qui que ce soit? qu'il n'est pas permis d'offenser autrui par des injures ou des calomnies? qu'il est également défendu de causer le moindre préjudice à quelqu'un dans ses biens, par le vol, l'usurpation, ou le refus de rendre ce qui a été prêté? qu'on doit mettre la plus grande fidélité à remplir tous les engagements que l'on a pris, et qu'on se rend coupable lorsqu'on use de violence, ou de fraude, ou de supercherie, pour forcer une personne à donner ou à promettre quelque chose?

Ces vérités sont manifestées dans le for intérieur, de la manière la moins équivoque. Ce qu'il y a de difficile, c'est de faire triompher toujours, de la tentation de jouir, le sentiment intime, qui nous défend d'augmenter notre bien-être aux dépens d'autrui. Il se présente si souvent des occasions où ce qui fait l'avantage de l'un, est nuisible à l'autre! Peut-on constamment renoncer à contenter ses désirs?

Quand, pour se procurer une jouissance, on peut éviter de causer du tort, en prenant certaines précautions, il n'est pas pardonnable d'agir avant que d'avoir fait ce qui est nécessaire pour empêcher le mal d'arriver; mais s'il doit être inévitablement la suite de l'action qu'on projète, il faut certainement s'en abstenir. Le bien qu'on en retirerait pour soi-même, ne pourrait jamais légitimer l'injustice que l'on aurait commise.

Supposons que le mal à craindre consiste à priver quelqu'un, non pas de ce qui lui appartient, mais seulement d'une chose qu'il obtiendrait, si l'action projetée n'était pas faite; c'est alors que le devoir se restreint ou s'étend, suivant le degré de civilisation de la société dont on est membre; suivant l'éducation, l'état, les ressources, les lumières, de celui qui veut agir, ses rapports avec celui qui en souffrirait, et les besoins de ce dernier. On doit, avant tout, considérer si on se propose de conserver ce qu'on possède, ou d'augmenter les avantages dont on jouit; si on peut se passer de ce que l'on cherche, ou s'il nous est d'un besoin absolu. A quels détails ne faudrait-il pas se livrer pour assigner le devoir dans les cas divers où l'on peut se trouver, et qui dépendent des différentes circonstances qu'on vient d'indiquer! Une pareille tâche ne convient pas à de simples éléments. Nous

nous contenterons de dire ici que, quand on délibère dans des conjonctures difficiles, pour savoir si l'on s'abstiendra ou non d'une action qui n'est pas évidemment défendue, et qui doit causer du mal à autrui, le prix que l'on met à l'opinion publique, ainsi que les sentiments plus ou moins généreux dont on est animé, déterminent à préférer ou à sacrifier son propre avantage. C'est précisément par le parti qu'on prend dans ces occasions délicates, qu'on mérite plus ou moins l'estime de ses semblables. Il faut observer qu'une règle générale, tirée des simples lumières de la raison, est que, dans le doute, on doit s'abstenir. Par cette mesure de prudence, que ne manque pas de prendre l'honnête homme, il est assuré de n'avoir jamais rien à se reprocher envers autrui.

Tout ce qu'on vient de dire s'entend du mal que l'on fait sciemment; car celui que l'on occasionne involontairement, ne nous rend pas coupables, puisqu'il résulte d'un accident dont nous ne sommes que la cause innocente. Par exemple, une personne que je connais pour vous avoir rendu service, me demande le lieu de votre nouvelle demeure;

je crois bien faire en le lui indiquant : je me suis trompé, elle n'a profité de ma complaisance que pour vous causer un grand préjudice : je ne puis pas être responsable d'un pareil événement.

Il est aussi une sorte de mal que l'on cause en négligeant quelque soin, quelque surveillance, dont on est tenu. Supposons que, faute de l'avoir attaché assez solidement, mon cheval va briser des choses précieuses qui vous appartiènent; le tort que vous éprouvez, quoiqu'involontaire de ma part, n'en n'est pas moins arrivé par ma faute : j'en suis responsable, sans être punissable.

On est coupable du mal qu'on fait dans l'ivresse, parce qu'on a tort de boire avec excès. Néanmoins, celui qui n'a commis une mauvaise action, que parce que sa raison était troublée par la boisson, n'est pas aussi méchant que s'il eût agi avec réflexion. Quoi qu'il en soit, le mal causé par une personne ivre, n'en n'est pas moins arrivé par sa faute; et si, revenue à la santé, elle n'avait aucun repentir, elle serait aussi coupable que si elle avait agi en pleine raison.

Il n'est pas besoin d'avertir que tout le mal qu'on fait avec intention de nuire, ou qui est la suite, soit de l'ivresse, soit d'une négligence, nous oblige à indemniser les personnes qui en souffrent. C'est ce qui sera expliqué dans un paragraphe particulier.

§ II.

Du mal fait à autrui pour se défendre.

Le premier de tous les besoins est de veiller à la conservation de soi-même ; il est le véritable soutien de la société. En confiant à chaque individu le soin de se garder, la nature a pourvu par un moyen sûr au maintien de l'espèce, et par conséquent à la perpétuité de l'association humaine. De là vient que le premier devoir imposé par la nature envers autrui, est de ne faire mal à personne, comme le premier besoin est de se défendre autant qu'on le peut, pour éviter le mal dont on est menacé, celui qui manque au premier précepte offense tout à la fois l'individu qu'il fait souffrir, et la société entière, qui est nécessairement intéressée au salut de tous ses membres. Lors donc qu'on est assez aveuglé pour causer du mal à quelqu'un, celui qui se trouve attaqué, soit dans sa personne, soit dans son honneur, soit dans ses biens, est justement autorisé à se défendre, et même à appeler ses semblables à son secours.

Lorsqu'on a seulement à craindre, la défense consiste à prendre toutes les précautions capables de déjouer les desseins de l'ennemi. Ces précautions dépendent des circonstances et des moyens dont on peut disposer. On aurait évidemment à se reprocher d'avoir exposé son adversaire au danger d'une mauvaise action, si on avait négligé de faire quelque chose qui l'aurait empêché de commettre le mal qu'il projetait. Par exemple, s'il ne s'agissait que de fermer une porte qui, par une confiance poussée trop loin, restait habituellement ouverte, on serait blâmable de ne pas user d'un moyen aussi simple, pour éviter l'attaque dont on est menacé. Compter alors sur les moyens qu'on a de combattre avec succès, ne serait-ce pas en quelque sorte chercher soi-même l'occasion de faire du mal à celui qui menace ? Il faudrait décider de même si, en dénonçant à l'autorité les projets coupables de l'adversaire, on pouvait les déjouer : négliger cette mesure de prévoyance, est une faute commise envers la société. Ne croyez pas néanmoins que celui dont on n'a pas voulu prévenir le crime qu'il a commis, en soit moins punissable ; la faute dans laquelle il est tombé n'excuse pas son crime.

Quand on a fait tout ce que demande la prudence pour éviter les attaques des malveillants, on est autorisé à repousser la force par la force, et même, s'il est nécessaire, à tuer celui qui use d'une violence criminelle : cependant on ne doit se porter à cette dernière extrémité, que dans le cas où l'on n'a pas d'autre moyen de se défendre. Un voleur s'introduit dans une maison sans y porter des armes ; il ne menace la vie de personne, et on se trouve en nombre suffisant pour le prendre ; on ne doit pas se permettre de lui faire du mal, ni, à plus forte raison, de le tuer ; il faut se contenter de le livrer à l'autorité.

Pareillement, quand un malfaiteur n'a causé qu'un faible dommage, on ne doit pas le poursuivre par dés moyens qui pourraient lui ôter la vie ou le blesser. Ainsi, un homme dérobe quelques fruits dans un jardin, ou quelques

objets de peu d'importance dans une maison,
il est nécessaire sans doute de s'assurer de
lui ; mais si l'on ne peut pas l'atteindre,
on ne doit pas tirer sur lui avec une arme à
feu capable de le tuer, ou de le blesser
grièvement : un moyen aussi violent serait
trop disproportionné au mal dont on veut se
défendre.

Ce n'est pas que, pour mesurer les coups
portés contre celui qui attaque, il soit nécessaire de connaître précisément jusqu'où il
compte pousser son audace ; une juste crainte
d'un grand mal suffit pour autoriser l'emploi
de la défense la plus efficace. S'il en résulte
la mort ou de grandes blessures pour l'agresseur, qui alors serait puni beaucoup plus sévèrement, c'est à lui seul qu'il doit s'en prendre.
Qu'un individu n'ayant dessein que de prendre
un très-petit objet, s'introduise la nuit dans
un appartement ; si la personne qui s'y trouve
éprouve une juste crainte d'être assassinée,
elle peut tuer sur-le-champ le voleur. Il en
serait de même si, étant attaqué sur la voie
publique par un malfaiteur, on le repoussait
par un coup qui lui porterait la mort. Dans
des cas semblables, on ne peut pas juger de

la nature du crime que veut commettre l'agresseur. Il est permis de lui supposer les intentions les plus funestes, et de se défendre par les moyens les plus violents.

Au reste, il est bien important de ne pas s'abandonner à de simples soupçons ; c'est pourquoi il n'est jamais permis de commencer l'attaque, sous prétexte de prévenir celle que l'on redoute. Néanmoins, elle est réputée commencée, lorsqu'il y a juste sujet de craindre que l'effet suivra de près la menace. C'est ce qui arrive lorsqu'un homme, en montrant l'arme qu'il tient, s'apprête à en frapper celui auquel il s'adresse. Souvent alors il est prudent de ne pas donner à l'ennemi le temps d'exécuter le dessein qu'il manifeste. Dans un moment où le danger paraît aussi pressant, on n'a pas le temps d'examiner si les préparatifs de l'attaque ne sont faits que pour effrayer.

Lorsque l'on n'est menacé que pour un temps futur, on ne doit pas agir de violence, sous prétexte de mettre l'agresseur hors d'état d'éxécuter ce qu'il annonce. Un homme dit à un autre que le lendemain il saura bien le trouver seul pour le maltraiter. Il n'y a pas motif suffisant pour frapper à l'instant un tel adversaire. On doit se contenter de prendre des précautions pour l'empêcher de mettre son projet à exécution, ou au moins pour se tenir si bien en garde que, s'il tente de l'effectuer, on soit prêt à l'en faire repentir.

La défense de soi-même ne permet donc d'employer la force, que dans les cas où l'on est attaqué par la force; car, pour avoir raison des injustices qu'on nous fait éprouver de toute autre manière, nous devons nous adresser à l'autorité. Par conséquent, si on s'est emparé d'un terrain qui m'appartient, si on refuse de me payer le prix d'un objet que j'ai vendu; si on répand des calomnies qui blessent mon honneur, je dois suivre la marche prescrite par les institutions sociales pour obtenir justice : il serait contraire au devoir imposé même par la nature, de vouloir y parvenir en usant de mes forces particulières.

Je dis que la nature elle-même nous oblige de recourir à l'autorité. En effet, nous ne considérons pas ici le droit naturel, tel qu'il serait si les hommes vivaient sans association comme les animaux; cet état primitif de nature n'a vraisemblablement jamais existé. Ce qui est certain, c'est que, tel que nous le connaissons, l'homme est destiné essentiellement à former société avec ses semblables : c'est sous ce rapport que j'envisage la science du droit naturel. Or, une société ne peut pas se concevoir sans un ordre établi pour la tranquillité commune de ses membres, ni par conséquent sans une autorité chargée de la maintenir : il convient donc d'en supposer l'existence, même en expliquant le droit naturel. Quant à la manière dont s'exerce cette autorité, elle est réglée par les institutions humaines, dont on s'occupera en parlant du droit positif.

Il est donc de principe incontestable que, suivant la volonté de la nature elle-même, chaque individu doit s'adresser à l'autorité pour obtenir justice, quand il n'est pas dans la nécessité de repousser la force par la force : s'il en était autrement, si chacun se permettait de se faire justice lui-même, les désordres les plus affreux troubleraient la société, ou plutôt elle n'existerait pas.

Si l'autorité refuse d'écouter la plainte qui lui est déférée, ou si elle rend une décision évidemment inique, est-il alors permis, au moins dans le droit naturel, à la partie qui éprouve un pareil malheur, d'user de voies de fait, puisque c'est le seul moyen qui lui reste pour obtenir ce qui lui est dû? Non; le refus de l'autorité ou sa décision inique doivent être respectés. Dès qu'une contestation a été vidée dans les formes prescrites, elle est réputée terminée convenablement; c'est ce qu'on entend par cette axiome qui répute comme vraie toute chose jugée: *res judicata pro veritate habetur.* S'il en était autrement, il n'y aurait personne qui ne prétendît être victime d'un mauvais jugement; l'établissement des tribunaux ne produirait pas l'effet qu'on doit en attendre, et la société ne serait qu'un état de guerre particulière entre ses membres. On ne peut pas le dissimuler, les jugements iniques sont de vrais malheurs, mais des malheurs préférables à ceux qui naîtraient, si on avait le droit de troubler l'ordre social toutes les fois qu'on se croirait lésé par la décision des tribunaux. Pour prévenir autant qu'il est possible l'inconvénient des jugements injustes, on conçoit de quelle importance il est d'avoir des magistrats probes et éclairés; mais quand on a fait de son mieux pour se procurer des juges dignes de confiance, il ne reste plus qu'à souffrir avec résignation, comme un mal inévitable, les erreurs où ils peuvent tomber. Chacun est tenu de sacrifier son intérêt privé à l'intérêt général qui défend de se faire justice soi-même.

§ III.

Du mal fait à autrui par nécessité.

La nécessité est une force majeure à laquelle la nature elle-même nous contraint d'obéir. Il est également vrai que le besoin impérieux de veiller à notre propre conservation peut nous mettre dans la nécessité de causer du tort plutôt que de nous laisser périr. Comment juger qu'il y a nécessité? Il n'est pas besoin de lumières bien étendues: les conseils de la conscience en disent assez dans chaque circonstance où l'on se trouve.

Jamais il n'y a nécessité de faire du mal pour se sauver d'un danger, tant qu'on a moyen de s'en garantir, sans que personne ne souffre. Peu importe qu'on perde alors les avantages qu'on voulait se procurer; car il n'est pas permis de nuire pour augmenter le bien qu'on possède. C'est donc seulement dans le cas d'un grand péril, qu'il est permis de hasarder une action qui blesse les intérêts d'autrui. D'abord le danger doit être imminent ; s'il n'est à craindre que pour l'avenir, on est tenu auparavant de tenter tout ce qui peut le détourner. Il faut en outre que le malheur qu'on est en danger d'éprouver soit très-grave ; il vaut mieux souffrir une perte légère, que de causer à quelqu'un le moindre dommage : un mal de peu d'importance, n'est pas un motif suffisant pour violer un principe fondamental de l'ordre social. On ne serait pas même excusable si le mal à faire était petit. Comment se permettre d'apprécier le tort que l'on occasionnerait? Sait-on si le mal qu'on juge être léger n'est pas d'un poids énorme pour un autre? Enfin on doit être dans l'intention de réparer le préjudice que la nécessité nous contraint de causer ; et réellement on est tenu d'effectuer la réparation, aussitôt qu'on le peut.

Le débordement d'une rivière met une ville dans l'impossibilité de recevoir des vivres. Chaque particulier s'en procure comme il peut ; et celui à qui on en refuse, même à prix d'argent, est forcé par la nécessité à en prendre où il en trouve. Il n'est pas blâmable, pourvu qu'il en paye la valeur, et que ce qu'il enlève ne soit pas indispensable à la subsistance de ceux chez qui il se pourvoit : autrement ces derniers seraient autorisés à repousser la force par la force, puisqu'alors ils défendraient leur vie, et que personne n'est obligé de sacrifier la sienne pour sauver celle d'autrui.

Voici une question plus délicate. Un individu, par des malheurs dont il n'est pas cause, manque absolument des choses les plus urgentes ; peut-il se les procurer en les dérobant clandestinement ou de force ? Une pareille question n'est pas proposable dans un pays bien civilisé, parce que le premier soin de ceux qui gouvernent, doit être de procurer les moyens de subsister, soit par le travail, soit par des secours, aux individus que des événements fâcheux privent de la faculté de s'occuper pour vivre. C'est pour cette raison que le vol est toujours punissable ; dans les états où la législation est complète.

Supposons donc que des hommes réunis ne soient régis que par le droit naturel ; celui qui dérobe pour ne pas mourir de faim, est-il coupable dans le for intérieur ? Certainement la nécessité est un ordre de la nature ; et si dans l'état social on doit respecter la propriété d'autrui, c'est à condition que l'on ne sera pas aux prises avec le besoin absolu. Voilà pourquoi c'est un devoir pour ceux qui ont trop, de donner à ceux qui n'ont rien ou pas assez. Quelque légitime que soit le désir de conserver ce que l'on possède , il doit céder à l'intérêt général de la société qui réclame avant tout l'existence de ses membres indigents. Les personnes qui ont du superflu, et qui ne veulent pas venir au secours de l'indigence , risquent donc de causer du trouble dans l'ordre social ; eux-mêmes ils s'exposent volontairement au danger de se voir arracher ce qu'ils refusent.

Au reste, pour être excusable au tribunal de la conscience , quand la nécessité force à dérober , il faut d'abord qu'on ne soit pas tombé dans le besoin par un vice, comme seraient la fainéantise , l'ivrognerie ; le jeu , la prodigalité ; car jamais on ne peut se justifier de manquer du nécessaire pour de pareilles causes.

En second lieu, on doit avoir tenté, pour se procurer ce dont on a besoin, tous les autres moyens connus, tels que le travail, le recours à l'autorité, la supplication près de ceux qui sont en état d'aider les malheureux.

Enfin, quand l'absolue nécessité contraint à prendre ce qu'on ne peut obtenir, il ne faut du moins s'emparer que de ce qui se trouve de trop chez ceux à qui on s'adresse; aucun besoin n'autorise à le priver malgré lui, des objets d'où dépend son existence. Il faut aussi se contenter de ce qui est rigoureusement indispensable pour satisfaire à l'urgente nécessité : l'enlèvement de ce qui excéderait, ne serait pas excusable. De plus, il faut être bien résolu à restituer, et ne pas manquer à cette obligation sacrée, dès qu'on en a le moyen.

On demande si celui qui cède à la crainte, est dans un état de nécessité qui puisse justifier le mal qu'il est contraint de faire à autrui ?

Les Stoïciens ne balançaient pas à se décider

pour la négative; quelle que fût la crainte qui avait forcé le consentement, on n'était pas moins regardé, par eux, comme ayant commis le mal volontairement. Ils disaient : *coacta voluntas est voluntas ;* une volonté forcée n'en est pas moins une volonté. Mais cette rigueur de principes est au-dessus des forces ordinaires de l'homme. Le grand peuple lui-même, n'a pas cru devoir s'y arrêter. On trouve, dans le droit romain, un titre tout entier consacré aux règles à suivre, pour faire annuller tous les engagements contractés par crainte. Le Préteur y déclare expressément : *Quod metus causa gestum erit, ratum non habebo.* Cette condescendance à la faiblesse humaine est si raisonnable, que la décision de la loi romaine peut être considérée comme appartenant au droit naturel.

Cependant toutes les sortes de craintes ne sont pas capables de justifier une action qui nuit à autrui. D'abord, la crainte doit être fondée. Un homme, sans armes, menace-t-il de vous tuer, si vous ne l'aidez pas à commettre un vol? vous ne pouvez pas raisonnablement le craindre assez pour être invinciblement forcé à lui obéir.

En outre, il faut que le mal dont on est menacé, soit à craindre à l'instant ; s'il ne doit être exécuté que dans un temps futur, le danger n'est pas imminent, et la crainte n'est pas suffisante.

Troisièmement, la crainte d'un mal auquel on ne peut pas s'exposer sans révolter le sentiment impérieux de sa propre conservation, est la seule à laquelle il soit excusable de céder. Si donc, pour me forcer à aider un voleur, il menace de m'enlever un objet précieux, dont il peut se rendre maître malgré moi, il vaut mieux que je souffre une pareille perte que de consentir à commettre une mauvaise action. La privation de la vie, ou d'un membre, ou de l'honneur, ou du seul moyen qui reste pour subsister, voilà le seul sujet d'une crainte légitime, soit qu'elle nous regarde personnellement, soit qu'elle concerne quelqu'un qui nous est aussi cher que nous-mêmes, tels que notre père, notre mère, nos enfants, notre épouse.

L'espèce d'action mauvaise qu'on exige de quelqu'un par la crainte, est également à considérer. Il y en a auxquelles on ne doit

jamais consentir, quand même le refus exposerait à perdre la vie. Par exemple, nulle
crainte ne peut légitimement engager qui que
ce soit à commettre un assassinat, ni à trahir sa
patrie. Que de beaux traits je pourrais tirer de
notre histoire moderne, pour prouver combien
étaient pénétrés de cette vérité, ce grand nombre de Français, dont les noms sont dignes de
figurer glorieusement dans les fastes d'un siècle
aussi éclairé !

§ IV.

De la réparation du mal causé à autrui.

Quoique le premier devoir de l'homme
envers ses semblables, soit de ne leur causer
aucun préjudice, et que son propre intérêt le
lui commande ; néanmoins, emporté par ses
passions, il ne cherche que trop à nuire à
ceux même qui ont droit à son affection.
Plus souvent, à la vérité, on cause du mal
à autrui sans aucun dessein de faire du tort,
comme lorsqu'on néglige certaines précautions. Il arrive aussi , mais plus rarement ,
que l'impérieuse nécessité nous porte à faire
du mal à quelqu'un avec connaissance de
cause, mais pourtant sans intention cou-

pable, comme dans le cas d'un grand danger, ou d'une violence imprimée par une juste crainte. Dans toutes ces circonstances, le mal arrive par notre faute, ou par notre faiblesse, ou pour notre profit: nous sommes donc tenus de le réparer; cette obligation est imposée par la nature. En gravant dans le for intérieur la défense de causer du tort à qui que ce soit, elle y ajoute, comme conséquence nécessaire, l'engagement d'indemniser ceux que nous avons eu le malheur de faire souffrir, soit par méchanceté, soit par négligence, soit par nécessité. Sans cette obligation de réparer le mal dont on est cause, que deviendrait l'ordre social ? chacun prendrait d'autant moins garde de nuire à autrui, qu'il n'aurait pas d'indemnité à fournir.

Il n'en est pas de même dans le cas de sa propre défense; quelque mal qui en résulte pour celui dont on repousse l'agression, il ne lui est dû aucune réparation; au contraire, c'est lui qui, indépendamment de ce qu'une juste défense lui a fait souffrir, devient responsable du tort causé par son attaque.

Pour reconnaître par qui doit être réparé

le mal arrivé à autrui, il suffit de savoir à qui doit en être imputée la cause. Je n'entrerai pas dans les détails relatifs à l'imputation des actions; on les trouve dans les-ouvrages destinés à expliquer les principes de la morale : ici, je me borne à de simples éléments. Je dirai donc, en général, que celui de qui il dépendait rigoureusement qu'une action ne se fît pas, en est réputé l'auteur; il en retire le profit ou en supporte les charges, selon qu'elle est bonne ou mauvaise.

Delà, il suit qu'on peut être responsable du mal fait par d'autres que par soi-même, lorsqu'on était maître de les faire agir ou de les en empêcher. C'est pourquoi les pères et mères sont tenus de réparer les torts que causent leurs enfants, tant que ceux-ci sont encore sous la dépendance de leurs parents. Pareillement un maître est tenu de réparer le mal occasionné par ses commis ou ses domestiques, en remplissant leurs fonctions. Il ne répond pas de ce qu'ils font hors du temps employé à son service, parce qu'il n'a pas le droit de les commander pour les choses qui lui sont étrangères. On ne m'objectera pas, sans doute, l'usage des Romains, qui répondaient de toutes les actions de leurs domestiques ; ils n'avaient que des esclaves pour les servir. L'institution de l'esclavage est si contraire au vœu de la nature, qu'on ne peut pas en parler dans ce chapitre, et qu'il n'en devrait être mention dans aucune sorte de droit. Au reste, cette matière n'étant que du droit positif, je la renvoie au chapitre suivant. Quoi qu'il en soit, les actions des enfants, des commis et des domestiques, ne sont imputées aux parents et aux maîtres, que pour obliger ceux-ci à réparer le mal qu'elles ont causé. A l'égard de la louange ou du blâme que méritent ces mêmes actions, on ne peut pas les adresser aux parents et aux maîtres, ni, par conséquent, les en récompenser ou les en punir, à moins qu'ils ne les aient eux-mêmes ordonnées, avec l'intention de produire le bien ou le mal qui en est résulté.

Une personne voit mettre le feu à une maison, et ne l'empêche pas, quoiqu'elle en ait le pouvoir sans courir aucun danger. L'imputation de ce crime est faite, pour la responsabilité et le châtiment, à ce témoin, aussi coupable que s'il avait été complice du malfaiteur. Il pourra peut-être échapper à la poursuite des tribunaux; mais sa condamnation n'en est pas moins prononcée dans sa propre conscience. Serait-il excusable si la maison incendiée appartenait à son ennemi capital, de qui il n'aurait pas pu obtenir la réparation d'un mal considérable, à cause de la prévarication des juges? On suppose, dans ce cas, que la perte de cette maison ne fait tort qu'à son propriétaire, comme lorsqu'elle est isolée dans la campagne, et qu'il n'y demeure aucune autre personne au moment où elle devient la proie des flammes. Le témoin qui, en se montrant aurait empêché l'incendie, a exercé, par son inaction, une vengeance nullement permise, comme on le verra au paragraphe suivant; ou y démontre que, dans l'ordre social, il est défendu de se venger soi-même, encore bien que l'autorité ait refusé d'ordonner la réparation du mal qu'on a souffert.

Que faudrait-il décider, si le témoin, n'ayant pas vu mettre le feu, a seulement négligé d'avertir, comme il le pouvait, ceux que le danger menaçait, et qui auraient été alors en mesure d'éviter de grandes pertes? Il n'est pas douteux que, dans le for intérieur, ce témoin malveillant ne soit coupable, et que, par conséquent, il ne doive répondre du tort que cause son silence inexorable. Supposons que les trois quarts de la maison eussent échappé aux flammes, si le témoin eût averti; assurément il est tenu d'une indemnité égale à la valeur des trois quarts des bâtiments consumés.

On demande si celui qui, par force ou par crainte, a été contraint de commettre une mauvaise action, est tenu de réparer le préjudice qu'elle a occasionné à autrui ? On n'est jamais responsable de ce qu'on est contraint de faire par une force à laquelle il était impossible de résister. Ainsi, plusieurs hommes s'emparent d'une personne, lui mettent de force dans la main une arme, qu'ils conduisent pour en frapper une autre personne; certes le crime ne peut être imputé qu'aux scélérats, qui ont employé une violence irrésistible, pour se donner un complice involontaire : celui-ci n'est donc pas tenu de réparer le mal.

A l'égard de la mauvaise action à laquelle on s'est porté par l'effet de la crainte, elle a reçu, de celui qui a cédé aux menaces, une sorte d'adhésion qui l'oblige à réparer le tort qu'il a causé. Sans doute qu'il n'est pas plus coupable que celui qui a été poussé par la plus urgente nécessité ; mais on a vu, au paragraphe précédent, que le cas de la nécessité n'est excusable que quand on a l'intention sincère de réparer le mal qu'on a fait, et que réellement ensuite, on s'acquitte de ce devoir dès qu'on le peut. Il en est de même du préjudice que l'on a causé par suite d'une juste crainte ; si l'on est pardonnable de n'avoir pas résisté, c'est à condition qu'on réparera le mal dès qu'on en trouvera l'occasion. En cédant à la crainte, on a mieux aimé s'engager à le réparer, que de s'exposer au danger dont on était menacé.

Il n'est pas nécessaire d'avertir que le mal commis par un être privé de sa raison, tel qu'un enfant, un insensé, un furieux, ne peut pas lui être imputé. Une action n'étant digne de louange ou de blâme que selon l'intention qui la dirige, il est évident que l'usage de la raison est nécessaire pour avoir une intention dont on puisse rendre compte. Voilà pourquoi il faut que ceux à qui sont confiées les personnes privées de raison, soient tenues de réparer le préjudice qu'elles occasionnent ; ils ont à se reprocher de ne les avoir pas suffi-samment surveillées.

Que faut-il décider lorsqu'il arrive du mal à quelqu'un par un cas fortuit, dont on est l'occasion involontaire ? certainement on ne peut pas en être responsable. Exemple : en entrant dans un bois, j'effraye, sans le savoir, une louve, qui, furieuse, se précipite sur votre cheval, qu'elle blesse mortellement. On sent que je ne suis pas obligé de vous in-demniser ; un cas fortuit a occasionné l'acci-dent qu'il serait injuste de faire retomber sur moi, puisque j'ignorais qu'une bête féroce gîtait dans le bois.

Quant au mal fait par nécessité absolue, il est déjà démontré qu'il n'est excusable que quand on le répare aussitôt qu'on le peut. Si, par exemple, pour se sauver d'un naufrage, d'un incendie, on a été cause de la mort d'une personne dont le travail faisait subsister une famille, on n'est pas coupable de meurtre ; mais on est tenu de réparer le tort qu'on a fait aux malheureux qui restent sans soutien. Il faut donc fournir de quoi subvenir à leur subsistance. Il y aurait pareille obligation si cet homme avait seulement été privé d'un membre, et se trouvait, par là, réduit à l'impossibilité de travailler. Dans le cas où il n'aurait reçu qu'une blessure dont il pourrait guérir, on serait obligé de l'indemniser des frais de sa maladie, et de soutenir sa famille jusqu'à ce qu'il pût reprendre ses travaux. Quand le mal causé par nécessité, n'atteint que la propriété de quelqu'un, il est facile de connaître en quoi consiste le dédommagement que l'on doit.

Lorsque plusieurs personnes ont concouru à une action d'où il est résulté du dommage, elles sont toutes obligées solidairement à le réparer ; c'est-à-dire, que chacune d'elles est obligée à la totalité de l'indemnité. En conséquence, celui qui a été lésé, peut s'adresser indifféremment, ou à toutes à la fois, ou seulement à une d'elles, pour se faire payer. Mais quand l'indemnité a été soldée par un seul, chacun des autres qui la devaient solidairement, doit tenir compte de sa part à celui qui a fait l'avance du total.

Dans quelle proportion chacun des respon-

sables solidaires doit-il contribuer au payement de l'indemnité ? Il faut considérer s'ils
ont tous participé à l'action également, c'est-
à-dire, avec une volonté et une intention semblables, ou s'il y avait subordination des uns
envers les autres. Dans le premier cas qui arrive, par exemple, lorsqu'il y a eu complot
entre plusieurs personnes pour commettre la
même action, il est clair que chacun doit supporter une part égale de l'indemnité. Le second cas a lieu, quand une personne qui est
supérieure à ses complices, ou par ses fonctions, ou par ses lumières, ou de toute autre
manière, use de son influence pour se faire
aider dans une action qui cause du tort à autrui. La part dont le supérieur est tenu, doit
être plus considérable que celle de chacun
des inférieurs, qui peuvent être responsables
de portions plus ou moins fortes, selon que
leur participation à l'événement a été plus ou
moins complète.

S'il s'agit d'une action qui, en causant du
mal à quelqu'un, avait pour motif de sauver
la vie à plusieurs personnes, elles seront obligées chacune à payer une part égale de l'indemnité. Par exemple, trois individus échap-

pés d'un naufrage dans une nacelle, allaient périr sans le secours d'un matelot, à qui ses efforts généreux ont causé la perte d'un membre. Les trois naufragés qui lui doivent la vie, sont tenus solidairement, de le dédommager; mais l'indemnité sera supportée par chacun pour un tiers, parce qu'ils ont également profité de l'accident arrivé à leur libérateur.

Quand le mal a été occasionné par nécessité, pour garantir les propriétés de plusieurs personnes, celles-ci doivent peut-être la réparation solidairement; mais entr'elles, la perte doit être supportée en proportion de la valeur de ce que chacune a conservé. Supposons l'incendie d'une maison; il est près de se communiquer à une autre maison qui vous appartient pour deux tiers, et à moi pour l'autre tiers. On est obligé, afin d'arrêter le progrès des flammes, de placer des pompes dans un jardin voisin; et l'on y cause un dommage assez considérable. Comme propriétaires de la maison préservée, nous devons solidairement la totalité de l'indemnité; mais entre nous, cette indemnité sera divisée de manière que les deux tiers seront supportés par vous, et l'autre tiers par moi : nous conservons notre recours contre l'auteur de l'incendie.

On voit dans quels cas on doit des indemnités pour le mal qu'on a causé, et comment on doit y contribuer, lorsque plusieurs personnes l'ont fait, ou en ont profité. Il reste à examiner en quoi consistent les dédommagements qui sont dûs.

Si on a blessé quelqu'un, on doit l'indemniser non seulement de ce qu'il lui en coûte pour se faire guérir, mais encore de ce qu'il perd faute de vaquer à ses occupations, pendant le temps de sa maladie. Bien plus, si après sa guérison, la personne blessée reste privée de l'usage d'un membre, et se trouve par-là dans l'impossibilité de reprendre les travaux de sa profession, il faut l'indemniser de manière à lui assurer un sort semblable à celui qu'elle ne peut plus se procurer : c'est ce qu'on a expliqué par des exemples cités plus haut.

Quand le mal qu'on a causé, attaque l'honneur de quelqu'un, la réparation consiste à manifester hautement le regret de l'avoir injustement offensé. Mais si ce moyen ne peut pas lui rendre ce que lui a fait perdre la diffamation, il lui est dû, en outre, une indemnité proportionnée aux avantages dont il se trouve privé, par la faute de celui qui a commis l'offense.

Il est moins difficile d'apprécier la réparation due pour un préjudice causé à quelqu'un dans ses biens; on peut aisément évaluer ce dont il se trouve privé. On en voit des exemples parmi ceux qu'on a rapportés précédemment. Observez que si l'objet dont il s'agit de payer l'indemnité est de nature à rapporter des fruits ou des revenus, on doit comprendre dans l'évaluation ceux qui ont été perdus; car l'indemnité doit s'étendre à la valeur, non seulement de l'objet principal qu'on a fait perdre, mais encore des produits que cet objet aurait procurés.

Est-on tenu indistinctement de toutes les pertes arrivées par le mal qu'on a causé? Il y a différents cas dans lesquels s'étend plus ou moins l'indemnité qui est réclamée.

Celui qui a commis le mal volontairement, et dans l'intention de nuire, doit la réparation la plus complète; c'est une peine due à sa mauvaise foi. Il est juste au contraire de restreindre l'obligation de celui qui n'a causé du préjudice que par l'urgente nécessité. On fait aussi une différence, dans le cas d'un mal occasionné par nécessité, entre la personne qui en a tiré un grand avantage, et celle qui n'a trouvé qu'un soulagement momentané à un besoin impérieux : la première est obligée à une indemnité plus forte que celle due par la seconde. Enfin; il convient aussi de considérer les facultés de celui par qui l'indemnité est due, et les besoins du réclamant. Si c'est un pauvre qui en est tenu envers un riche, elle est moins forte que si c'était le riche qui en fût débiteur envers le pauvre : l'un et l'autre, dans l'hypothèse, n'ayant agi que par nécessité, ils sont excusables, et il est juste de proportionner l'indemnité à leurs moyens.

Au reste, une règle générale pour fixer l'indemnité, lorsque celui qui la doit n'a pas eu de mauvaise intention, est de ne lui faire supporter que les pertes qu'il a pu prévoir à l'époque où le dommage a été causé. C'est pour étendre ou restreindre l'application de cette règle, qu'on doit consulter les différentes circonstances où se trouvent et le créancier, et le débiteur de l'indemnité.

§ V.

De la vengeance et du duel.

Que celui à qui on a fait du mal en soit irrité ; qu'il veuille en avoir réparation, rien n'est plus raisonnable. Ce désir lui est inspiré par la nature, comme tout ce qui tend à la propre conservation de soi-même. Il serait mieux sans doute de pardonner ; mais nous ne parlons ici que du droit, et non pas de ce que la morale a de plus sublime. L'oubli des injures exige un effort au-dessus des forces ordinaires de l'homme, et bien peu d'âmes en sont capables, si elles ne sont aidées par un sentiment profond de philosophie ou de religion, qu'il est bien rare de rencontrer. Le plus souvent, ceux qui paraissent pardonner, ne cèdent qu'à leur impuissance ou à leur pusillanimité. Convenons donc que le désir de se venger est inspiré par la nature. Mais pour qu'il ne dégénère pas en injustice, on doit se borner à poursuivre une réparation proportionnée au mal qu'on a éprouvé. Lorsque l'auteur de l'offense en a fait une satifaction complète, ou dont on

a bien voulu se contenter, il n'est plus permis de songer à la vengeance. Vouloir conserver contre lui le moindre ressentiment, c'est
le tromper, c'est violer les règles de la justice.
En complétant l'indemnité il ne doit plus rien;
par conséquent, celui qui a été dédommagé
ne peut pas exiger davantage.

Dira-t-on qu'indépendamment de l'indemnité qu'il a payée, l'auteur d'un mal fait avec
intention doit être puni, non plus pour satisfaire la personne qu'il a blessée, mais pour
l'exemple, et pour qu'il ne soit plus tenté de se
porter volontairement à une mauvaise action ?
La réponse est, que la peine méritée par l'auteur du mal, après qu'il a indemnisé l'offensé,
n'intéresse plus ce particulier qui a reçu toute
satisfaction. Elle a pour but de rendre l'auteur
du mal plus circonspect à l'avenir, et de retenir par la crainte du châtiment, ceux qui seraient tentés d'imiter son exemple. Il est évident que le soin de maintenir l'ordre par des
punitions, n'appartient qu'à l'autorité publique,
dont il sera parlé dans un des chapitres suivants. L'ordre social ne serait-il pas continuellement troublé, si chaque particulier s'arro-
geait le droit d'infliger des peines à ceux dont

ils croyent avoir été offensés? Ajoutons qu'en pareille matière, on doit user de la justice distributive, c'est-à-dire, comme on l'a expliqué au chapitre précédent, art. III, § II, qu'il faut proportionner la peine à la gravité du mal, et avoir égard à la qualité du coupable. Ne répugne-t-il pas à la raison que l'offensé soit le juge du genre de châtiment que mérite le coupable? Son âme ulcérée a-t-elle ce calme nécessaire pour bien discerner à quel point les circonstances peuvent rendre excusable son adversaire, et pour établir une juste proportion entre la peine et le délit?

Puisque la nature a fait les hommes pour vivre en société, elle veut qu'ils prènent tous les moyens de maintenir entr'eux la tranquillité. C'est donc elle qui ordonne qu'une autorité souveraine soit établie pour diriger les intérêts communs, et par conséquent pour décerner des peines et des récompenses. Ainsi c'est la nature elle-même qui défend à chaque individu d'exiger plus que le dédommagement du tort qu'il éprouve; elle lui prescrit en même temps de laisser à l'autorité la dure fonction de livrer au châtiment l'auteur du crime.

Quand le coupable a été jugé par l'autorité, il est évident que l'offensé n'a plus de droits à exercer. Dès qu'il a été satisfait à l'intérêt particulier par le dédommagement, et à l'intérêt général par la peine subie, poursuivre davantage, c'est vouloir punir deux fois ; c'est commettre soi-même une mauvaise action. Cette sorte de méchanceté que l'équité naturelle condamne, est précisément ce qui caractérise la vengeance prise dans le sens le plus ordinaire, c'est-à-dire, celle qu'exerceraient les particuliers, et qui leur est défendue dans l'état de civilisation. Ils n'ont que la faculté de se plaindre à l'autorité chargée d'infliger des peines. Ainsi, posons en principe que dans l'ordre social, il est contraire à la justice, même dans le for intérieur, de vouloir soi-même tirer vengeance de l'offense qu'on a reçue.

Si l'auteur du délit n'a pas le moyen de payer le dommage qu'il a causé avec mauvaise intention ; ou bien si, ayant des moyens suffisants, il est parvenu à mettre ses propriétés à l'abri de toutes poursuites, n'est-il pas permis à l'offensé d'exercer par lui-même son ressentiment contre la personne de son ennemi, puisqu'il n'a pas d'autre manière de se dédommager ? Non, certainement : d'abord, le mal qu'on ferait au coupable ne procurerait aucun dédommagement. D'ailleurs, une pareille licence ouvrirait aux passions un champ libre pour se déchaîner et troubler l'ordre social. Il vaut mieux laisser un dommage sans indemnité, un crime sans punition, que de mettre la tranquillité générale en danger. Un des principes fondamentaux de toute société, est que l'intérêt particulier doit céder à l'intérêt public, lorsque l'un et l'autre ne peuvent pas se concilier. Cette vérité est une conséquence essentielle de toute réunion d'hommes: elle est donc écrite parmi les préceptes de la nature, qui n'a pas fait l'homme pour vivre isolé.

Si toute vengeance particulière est proscrite, il est évident que le duel est absolument défendu. Il n'est pas autre chose que le combat de deux personnes, dont l'une veut elle-même tirer vengeance d'une offense que l'autre lui a faite. Il faut bien se garder de céder au préjugé, qui, dans certains pays, fait soupçonner de lâcheté celui qui ne provoque pas son agresseur, et celui qui ne répond pas à la provocation. La connaissance des vrais principes du droit naturel doit faire abandonner une opi-

nion aussi évidemment contraire à l'ordre social. Dans les temps où la monarchie française
était couverte des ténèbres de l'ignorance,
n'avait-on pas poussé l'aveuglement jusqu'à
établir les combats singuliers, comme formalités judiciaires ? Dès que les premières lueurs
de raison se sont montrées, on a reconnu toute
l'horreur d'une coutume aussi absurde que
barbare. C'est à saint Louis qu'on est redevable
de cette réforme dans la procédure ; mais le
duel n'en est pas moins resté en usage dans
les querelles qui n'étaient pas portées devant
les tribunaux, malgré les défenses prononcées
par les ordonnances. A mesure que les lumières se sont étendues, que la soumission
aux lois est devenue plus générale, par la prépondérance de l'autorité royale sur le régime
féodal, les duels sont devenus moins fréquents.
Espérons qu'en achevant de s'éclairer sur la
morale, sur la justice, et sur les véritables intérêts de l'ordre social, nous achèverons de
prendre une idée plus convenable de l'honneur et du courage ; et qu'enfin nous aban-
donnerons tout ce qui nous est resté de nos
anciens et injustes préjugés.

Comment approuver celui qui donne le cartel de défi à son adversaire, sans considérer même si le combat peut être égal ? Est-il raisonnable qu'un homme irrité par l'injure qu'il prétend avoir reçue, veuille s'ériger en juge pour décerner la peine de mort contre son semblable, et devenir en même temps l'exécuteur de son arrêt ? L'événement, je le sais, force souvent l'offensé à se repentir de sa témérité ; mais c'est précisément une des considérations qui rend injuste cette manière de se venger. Elle ouvre à l'agresseur la chance d'ajouter à sa faute le mal plus grave de l'ensanglanter. D'ailleurs l'offensé, en appelant son ennemi, a toujours à se reprocher l'intention d'un délit ; car, lors même qu'il n'a pas le dessein de le tuer, il veut au moins le blesser, et il n'ignore pas que la blessure peut être mortelle ou avoir des suites très-funestes. A quels désordres une pareille licence conduirait la société ! N'est-il pas évident que la tranquillité générale dépend de l'institution des tribunaux, qui seuls peuvent infliger des peines aux coupables ?

Maintenant considérons la conduite de celui qui répond au cartel de défi ; elle n'est pas plus conforme à la raison. S'il n'a rien à se reprocher, ou si l'offense est très-légère, il va donc exposer sa vie uniquement pour satisfaire au caprice d'un adversaire qui, quelquefois, est le plus coupable, ou qui, au moins, est trop irascible. Peut-être sortira-t-il triomphant du combat. Eh bien, son tort est encore plus grave : il devient le meurtrier d'un homme qui, se croyant offensé, avait droit, ou à des réparations, ou tout au moins à des excuses, ne fût-ce même qu'à une simple explication. Est-ce ainsi qu'on peut se jouer de la vie de deux individus qui se doivent à la patrie, à leur famille, et à tous ceux qui ont intérêt à leur conservation ?

Dans le cas où l'appelé en duel a réellement offensé son adversaire, peut-il se dispenser de lui donner satisfaction sans augmenter l'injure et sans se déshonorer ? Non, sans doute ; mais n'est-il d'autre moyen de réparer une offense, que de mettre en danger la vie des deux parties ? Que dit la raison, dont les lumières doivent dissiper toutes les erreurs nuisibles à l'ordre social ? Croit-on qu'elle autorise l'agresseur à joindre un meurtre à son premier tort ? Est-il excusé parce qu'il s'expose à périr, lorsqu'en même temps il fait tout ce qu'il peut pour tuer ou blesser celui envers qui il a été injuste ? Quoi! un téméraire, se fiant sur son habileté dans l'art de l'escrime, pourra impunément insulter un citoyen paisible qui, par un faux point d'honneur, n'aura, pour obtenir justice, que la voie d'un duel où il est presque sûr de succomber? Quoi! un méprisable agresseur se croira suffisamment lavé, après avoir privé de la vie celui qu'il avait cruellement offensé? Ah! l'absurdité de pareilles maximes est trop facile à sentir dans un siècle éclairé, pour qu'un préjugé si destructeur de l'ordre social puisse subsister plus long-temps. Le véritable courage, le seul qui mérite d'être honoré, consiste à affronter la mort pour la patrie, pour arracher des hommes à un danger imminent.

Envisagé dans ses causes et dans ses résultats, le duel n'est donc qu'une injustice digne des siècles de barbarie, dont aucun peuple éclairé, tels que les Grecs et les Romains, ne s'est jamais souillé. Si dans un combat singulier le sang de l'innocent est versé, voilà un accident qui afflige l'humanité. Est-ce le coupable qui est vaincu ? Quelle garantie a-t-on que la peine ait été proportionnée à la faute? De quelque manière que l'événement tourne, la justice est violée, les principes d'ordre sont renversés, la société est en deuil, et les intérêts de ceux qui sont attachés à la victime sont blessés.

§ VI.

De l'obligation de faire du bien à autrui.

En destinant les hommes à l'état de société, la nature leur défend nécessairement de se faire aucun mal ; car il est de l'essence de toute association, que ceux qui la composent agissent pour sa conservation et sa prospérité. Il impliquerait contradiction qu'ils pussent se nuire mutuellement : le but serait manqué. Mais est-ce assez de ne pas se causer du tort réciproquement ? Point de prospérité générale, si chacun ne fait pas à ses semblables tout le bien qui dépend de lui. Cette vérité est si évidente, que tout individu sent au fond de sa conscience, non seulement combien il est injuste d'occasionner du préjudice à autrui, mais encore combien il est nécessaire de s'aider mutuellement, chacun selon ses facultés. Sans la pratique de ce devoir, toute réunion deviendrait inutile ; et si tous ceux qui habitent le même pays se bornaient à s'abstenir de faire du mal, ils se trouveraient dans la même situation que s'ils vivaient séparés les uns des autres. Ils resteraient dans un état affreux de faiblesse, de souffrance et d'ignorance. Il est donc indispensable que les hommes établissent entr'eux un commerce de bons offices, et que chacun fasse à autrui ce qu'il voudrait qu'on lui fît à lui-même. Pour remplir l'obligation de procurer aux autres tout le bien qu'on peut, il faut servir, soit la société en général, soit en particulier chaque personne avec qui on a des rapports.

On se rend utile à toute la société, en faisant un usage convenable des facultés intellectuelles et corporelles qu'on a reçues de la nature. Dans l'article précédent, on a expliqué comment chacun doit employer ses facultés pour son propre bonheur; on y a prouvé que celui qui veut être content de lui-même, et qui entend bien ses intérêts, ne néglige rien pour se rendre nécessaire ou agréable à ses semblables. Les devoirs envers soi-même exigent donc l'accomplissement des devoirs envers autrui, tant il est vrai que toutes les sortes de devoirs sont corrélatives. On ne peut espérer de vivre avec satisfaction, si l'on ne remplit pas ses obligations envers la société; et, réciproquement, il est impossible d'être estimé, si l'on manque à ce qu'on se doit à soi-même.

Ainsi, pour servir la société avec ses facultés intellectuelles, l'homme doit prendre une profession, s'instruire de ce qu'il lui est nécessaire de savoir pour son état, sa condition. Il ne lui faut que des plaisirs licites, et encore n'en doit-il prendre qu'avec modération, pour éviter surtout qu'ils ne deviènent des passions, ou même des habitudes qui en détruiraient tout le charme. L'objet de sa principale ambition sera l'estime publique; il ne courra point après les honneurs et la gloire par des voies détournées; il s'efforcera de les mériter, sans s'affliger de ne les avoir pas obtenus. S'il recherche les richesses, ce sera pour les employer d'une manière profitable à lui et à son pays. Voilà ce qui concerne ses facultés intellectuelles.

Suffisante quantité de nourriture, d'exercice et de repos, en évitant toute espèce d'excès, voilà, quant aux facultés du corps, ce que prescrit la raison, pour se rendre utile à la société en général. Dans l'obligation où l'on est de lui faire tout le bien qu'on peut, il faut comprendre les secours dont elle a besoin, soit en argent et en autres objets réels, soit en services personnels dans les fonctions civiles ou militaires. Etes-vous chargé de contribuer aux dépenses publiques, en proportion de votre revenu? ne cachez pas une partie de votre fortune, afin de payer une moindre somme. Vous feriez tort aux autres citoyens, qui se trouveraient forcés de fournir, au-delà de leur juste contingent, ce que vous auriez donné de moins. Supposons même qu'on ne réclamât pas des autres ce que vous auriez refusé, la société recevrait moins, et vous blesseriez le précepte qui vous commande de lui être utile autant que vous pouvez.

Si, dans un temps de disette, on ordonne à tous les propriétaires d'apporter périodiquement aux marchés une portion déterminée de leur récolte, celui qui ne satisfait pas à ce devoir, dans le dessein de vendre ses denrées clandestinement, pour un prix plus élevé, commet une injustice très-blâmable; il cause un véritable préjudice aux autres, et il manque au devoir de leur faire tout le bien qui est en son pouvoir.

La patrie menacée appèle des défenseurs choisis suivant un certain mode : ceux qui, sans motifs raisonnables, parvièrent à se soustraire à la réquisition, blessent le même principe : en refusant leur service personnel, ils aggravent le sort des citoyens forcés de les remplacer, et dont le tour de prendre les armes n'est pas encore venu.

Des hommes éclairés sont-ils désignés pour remplir des fonctions publiques, il ne leur est pas permis de s'y refuser, sans motifs plausibles ; ils manqueraient au devoir essentiel de se rendre utile à la société, autant qu'il est en leur pouvoir.

Ce n'est pas assez de contribuer au bien général, il est également nécessaire de faire particulièrement aux individus, tout le bien qu'on peut. Qui n'est pas convaincu de cette vérité ? Il suffit d'écouter ce sentiment de pitié que l'on trouve dans son cœur, pour éprouver le désir de porter secours aux personnes qui en ont besoin : celui qui y résiste, est rebelle à une impulsion de la nature. D'ailleurs, n'y est-on pas soi-même intéressé ? Sait-on si un jour on ne sera pas dans la nécessité d'implorer la bienveillance des autres? Quel droit aurait-on d'exiger des services, après avoir impitoyablement refusé d'en rendre quand on en avait le pouvoir? Que de cuisants remords vienent augmenter les chagrins, lorsque, dans un besoin urgent, on se voit abandonné par ceux envers qui soi-même on a été sans pitié!

Considérez, au contraire, celui qui n'hésite pas à rendre tous les bons offices qui dépendent de lui. En suivant le penchant de la nature, il remplit son âme honnête d'un sentiment ineffable, dont les douceurs sont sans prix. Quelle satisfaction ne fait pas goûter alors l'estime publique, l'affection de ceux qu'on a obligés, et leur empressement dans les moindres embarras où l'on se trouve! L'homme qui fait tout le bien qu'il peut à la société en général, et aux individus en particulier, jouit donc de tout le bonheur qu'il est permis d'espérer dans la vie.

Il y a deux sortes de services à rendre à autrui : ceux qui ne coûtent ni peine, ni sacrifice, et ceux pour lesquels il faut donner des soins ou quelque portion de ce qu'on possède. Rarement les services de la première

sorte sont refusés; cependant on en voit malheureusement des exemples, ce qui annonce
des cœurs durs et dignes de mépris. Que
doit-on penser, en effet, de celui, par exemple,
qui ne veut pas permettre qu'on puise de l'eau
dans un ruisseau dont il est seul propriétaire,
s'il n'en doit pas souffrir le moindre dommage,
et si ceux qui implorent ce secours ne peuvent
pas commodément se pourvoir ailleurs? N'est-il
pas aussi coupable que celui qui aime mieux
détruire les restes d'une chose dont il n'a plus
besoin, que de les abandonner aux malheureux à qui ces objets seraient utiles?

Indiquer aux personnes qui se sont égarées,
le chemin qu'elles cherchent, donner des conseils aux personnes qui en demandent, quand
on se croit en état de les éclairer, c'est encore
une manière d'obliger qui ne coûte rien, et
qu'on serait très-coupable de refuser.

Parmi les services qui exigent quelques sacrifices, on compte au premier rang les secours portés à ceux qui sont près de périr
dans les eaux, ou dans les flammes, ou par la
main des brigands. Il faut en pareilles occasions une présence d'esprit, et quelquefois un

courage dont tous les individus ne sont pas également capables. Les circonstances seules peuvent déterminer à quel point on est excusable ou blâmable de ne pas voler au secours de ceux qu'on voit en danger.

Le soin des malades est aussi un des premiers services qu'on doit rendre à ses semblables. Dans les sociétés civilisées, il y a des personnes qui, par leurs études, leurs professions, leurs places, leurs richesses, sont plus que d'autres, dans l'obligation d'aider l'humanité souffrante. Heureusement, elles ne sont pas rares les occasions d'admirer le zèle que ces personnes mettent pour la plupart à remplir un devoir aussi sacré.

L'hospitalité est encore un des services importants à rendre aux particuliers. Il peut en coûter, mais aussi n'y est-on jamais tenu qu'en proportion de ses moyens. Ceux qui ont besoin d'un pareil secours, se trouvent heureux quand ils sont reçus, non pas comme il leur aurait été commode, mais selon les facultés de leurs hôtes. On sait gré plutôt de la bonté avec laquelle on est traité, que de la recherche et de l'abondance des choses qui sont offertes.

Vous implorez l'assistance de quelqu'un, pour vous aider dans une affaire où il peut beaucoup ; il est de son devoir de ne pas vous refuser, à moins que des raisons suffisantes ne s'y opposent. Son refus serait excusable, si la réussite de votre tentative devait causer du mal à une autre personne, ou si le patron que vous invoquez avait déjà promis ses soins à quelqu'un, pour lui procurer le même objet que vous désirez ; ou bien si, en employant, soit son temps, soit son crédit, à votre affaire, il lui devenait impossible de vaquer ou de réussir, soit aux siennes, soit à celles dont il s'est déjà chargé.

Comme nos facultés ont des bornes, et qu'il est impossible à chacun de secourir tous les malheureux, il nous est permis d'avoir des prédilections pour ceux avec qui nous avons des liens ou des rapports plus particuliers. Dans la concurrence de plusieurs personnes ayant un droit égal à notre pitié, on doit la préférence à celles qui le méritent le mieux, ou qui en ont le plus besoin, ou à qui nos soins seront le plus profitables. S'il s'agit de secours qui peuvent coûter des sacrifices, on n'est pas tenu de s'y livrer, lorsque, n'ayant pas le moyen de perdre ce qu'on avancerait, on est sans espoir fondé d'en être indemnisé. Quand de pareils services sont réclamés par un individu hors d'état d'en témoigner utilement sa reconnaissance, ils ne sont dûs que par les personnes assez heureuses pour avoir la faculté de se placer au rang des bienfaiteurs. C'est pour elles une obligation, parce que le devoir de se rendre utile aux particuliers, s'étend jusqu'à leur faire tout le bien qu'on peut, même en y sacrifiant ce dont on n'a pas un besoin essentiel.

§ VII.

De l'usage des richesses par rapport à autrui.

En expliquant dans l'article précédent, §. IV, les devoirs qu'on se doit à soi-même, on a vu qu'il n'est pas défendu de rechercher les richesses par des voies licites; qu'il est prescrit d'en faire un bon usage, et que, parmi le petit nombre de ceux qui arrivent à la fortune, la plupart en abusent, ou par l'avarice, ou par la prodigalité, ou par l'égoïsme; ce qui nuit essentiellement au bonheur qu'on cherche dans la possession des biens. Alors on avait à

prouver que leur emploi d'une manière généralement utile, est un moyen de satisfaire aux
devoirs envers soi-même. Maintenant il s'agit
de démontrer que, pour remplir l'obligation
de faire à autrui tout le bien qu'on peut, on
doit consacrer son superflu à aider ceux qui
n'ont pas de quoi se procurer le nécessaire.

Cette vérité est une conséquence de l'état
de société auquel nous sommes destinés par
la nature elle-même. Son but est que les
hommes, trop faibles pour développer leur
entendement s'ils restaient isolés les uns des
autres, puissent, par leur réunion, faire l'emploi de toutes leurs facultés intellectuelles et
corporelles, et les perfectionner. On sent bien
que tous les individus ne peuvent pas arriver
au même point de perfectionnement, puisque
tous ne sont pas organisés aussi heureusement,
et que, dans la société, ils occupent des places
différentes, qui ne leur permettent pas d'exercer leurs facultés de la même manière. La
condition essentielle qu'exige la nature, en
prescrivant aux hommes de se réunir, c'est
que tous les membres de l'association soient
assurés de trouver au moins de quoi satisfaire
à leurs besoins; autrement, ceux qui souffri-

raient sans espoir de secours, deviendraient les ennemis de tous les autres. Il est donc certain que si, d'une part, chacun a la liberté de se procurer, par des voies licites, tous les avantages que son intelligence lui peut acquérir, d'un autre côté, il n'est pas permis de laisser manquer du nécessaire ceux qui ne sont pas assez heureux pour l'obtenir par leur travail.

Si les biens étaient également répartis entre tous les hommes, chaque individu en aurait trop peu pour sa subsistance. D'ailleurs, il n'y aurait aucune émulation; la faculté si précieuse à l'homme de perfectionner sa raison et son industrie, n'aurait aucun motif pour s'exercer; l'état social ne produirait pas l'effet qu'a voulu la nature. L'inégalité dans la répartition des biens est donc la volonté de cette mère commune, ainsi que l'inégalité d'intelligence et de force; mais elle n'entend pas que ceux qui possèdent tout, laissent périr ceux qui n'ont rien, ou trop peu. Si les riches étaient assez injustes pour ne pas secourir les pauvres, ceux-ci ne manqueraient pas d'arracher, par violence, tout ce qu'ils ne pourraient pas obtenir volontairement. La tranquillité de la société, et, par conséquent, l'intention de la nature, exigent que ceux qui se sont procuré plus de biens qu'ils n'en ont besoin, fassent de leur superflu un usage utile aux individus à qui le travail ne suffit pas. Ce devoir sacré, qui est écrit dans le for intérieur, comment doit-il être rempli? C'est ce qu'il nous reste à examiner.

Que faut-il regarder comme superflu? Pour le déterminer, on consulte les usages des pays que l'on habite, le rang qu'on y occupe, la profession qu'on y exerce, la famille dont on est chargé, la santé dont on jouit, enfin les diverses circonstances qui donnent plus ou moins d'étendue à nos besoins. En général, il n'est pas facile de fixer avec précision où commence le superflu; cependant il n'est personne qui ne sache de combien ses ressources annuelles excèdent ce qui lui est nécessaire pour vivre avec aisance, en proportionnant ses dépenses à la place qu'il tient dans le monde. Celui qui épargne au point de se refuser ce qu'exigent les fonctions qu'il remplit, n'est pas digne de louange; on l'excuse même à peine quand il emploie ses économies en œuvres de bienfaisance. On n'estime pas davantaage ceux qui n'étant tenus à aucune représentation, affectent le faste des personnes élevées en dignité; ce n'est pas ainsi qu'il faut employer le bien qu'on possède au-delà du nécessaire; on est obligé, dans le for intérieur, d'en faire usage d'une manière utile en général à la société, et en particulier, aux individus qui ont besoin de secours. On s'acquiert par ce moyen une considération qui procure plus de satisfaction, et qui est plus honorable que le genre de réputation qu'on se fait par une profusion fastueuse, d'autant plus choquante qu'elle est plus déplacée. Il n'y a donc aucune règle à donner pour reconnaître ce qui constitue le superflu. Chacun doit descendre dans sa conscience; avec des intentions droites, il trouvera bientôt la portion de sa fortune qu'il peut consacrer au soulagement des malheureux.

L'alcoran ordonne aux musulmans de consacrer en aumônes deux et demi pour cent de leurs revenus. Ce n'est pas un simple conseil, mais un précepte positif; néanmoins je regarde une fixation précise comme sujète à trop d'exceptions. Chez certaines personnes, le superflu excède le quarantième de leur revenu, tandis que chez d'autres qui possèdent la même fortune, elle suffit à peine aux dépenses qu'elles sont forcées de faire. Voilà pourquoi dans les sociétés entièrement civilisées, on laisse à chaque particulier le soin de déterminer ce qu'il peut destiner à l'utilité de ses semblables; mais lorsque les charités volontaires ne sont pas assez abondantes pour le soulagement des pauvres, on y établit des taxes proportionnées, tant aux biens des contribuables, qu'aux besoins des indigents. S'il y a des personnes assez injustes pour abuser de la liberté laissée à chacun d'employer son superflu au soulagement des nécessiteux, elles en sont punies par le mépris qu'elles s'attirent. Au contraire, ceux qui ont le bon esprit de se rendre recommandables par les secours qu'ils portent à autrui, en trouvent la récompense dans l'estime générale qu'ils obtiennent, et dans les marques de reconnaissance qu'ils ne cessent de recevoir. Plus heureux encore, ceux qui ne cherchent d'autre prix des services qu'ils rendent modestement à leurs semblables, que le doux plaisir d'exercer la bienfaisance !

Dès que dans le tribunal de sa propre conscience, on a reconnu ce qui constitue le superflu de son revenu, on doit s'occuper d'en faire un usage avantageux à la société. Il y a deux manières de s'y prendre; l'une est de donner aux pauvres, l'autre est d'encourager l'industrie en s'intéressant dans des entreprises utiles. La charité qui porte à secourir les indigents, est digne sans doute des plus grands éloges, puisqu'elle cherche son plaisir dans la douce satisfaction d'essuyer les larmes des malheureux. Cependant on mérite beaucoup encore, si l'on fait valoir ses fonds en aidant ceux qui cultivent les sciences, les arts, le commerce, et en soutenant les travaux auxquels se livre la classe laborieuse du peuple. Si tous les riches dirigeaient avec discernement leur superflu vers ce but important, peut-être n'y aurait-il plus besoin de secours gratuits. Ce serait l'état le plus heureux où pût arriver une société d'hommes. Les uns jouiraient sans remords du produit de leurs richesses, et les autres goûteraient avec satisfaction les fruits de leur industrie. Les âmes généreuses, il est vrai, auraient moins d'occasions d'exercer leur charité; mais leur sensibilité serait bien autrement flattée par le bonheur qu'elles verraient s'étendre sur toutes les familles qui vivent de travail.

Dans les associations peu nombreuses un pareil sort n'est pas impossible : on a vu dans de petites républiques, disparaître entièrement l'indigence. En vain espérerait-on le même avantage dans de grands états; les biens y sont beaucoup plus inégalement répartis, et par conséquent les inconvénients de l'indigence y sont plus difficiles à prévenir. C'est dans les villes surtout que les cœurs portés au soulagement des pauvres ne trouvent que trop de quoi s'occuper : c'est-là qu'il est nécessaire d'exciter le peuple au travail, en lui procurant les moyens d'exercer son industrie. L'individu réduit à la misère par fainéantise, mérite son triste sort; l'infortune de ceux qui manquent d'ouvrage, est un malheur public qui accuse les riches, et dont ils sont bientôt punis ; au lieu de tirer profit de l'ouvrier qu'ils ont négligé d'employer, ils sont forcés de le secourir gratuitement.

On voit par-là que, pour l'emploi de leur superflu, les riches doivent tout à la fois procurer de l'ouvrage aux personnes qui vivent d'industrie, et faire des charités à celles qui ne sont pas actuellement en état de travailler, ou dont le travail ne suffit pas pour soutenir leur famille. Un devoir aussi important a moins besoin de préceptes que d'exemples ; il y en a sans doute, mais beaucoup trop peu pour le soulagement de tous les malheureux. Ils ne sont pas non plus assez connus, soit pour la honte des mauvais riches, soit pour la consolation des âmes sensibles. Je rendrai donc service au lecteur, en retraçant ici la conduite d'une famille que sa modestie ne permet pas de nommer, mais que les nombreux citoyens qu'elle aide, reconnaîtront facilement, et que l'opinion publique désignera suffisamment.

M. D***. qui s'est livré de bonne heure à des études utiles, et qui a cultivé les qualités de son cœur, autant que celles de son esprit, est parvenu, par son mérite à un rang distingué, et à une grande fortune. Il prend annuellement pour la dépense ordinaire de sa maison la moitié de son revenu. Un sixième de l'autre moitié est destiné aux dépenses extraordinaires ; et chaque année, ce qui en reste devient un fonds de réserve qu'il place pour l'augmenter, et avoir ainsi de quoi subvenir aux événements imprévus. Le surplus, faisant les cinq sixièmes de la moitié de son revenu, ou les cinq douzièmes du total est destiné à la bienfaisance. Cet ami de l'humanité est le guide et le modèle d'un frère qui est moins riche, et d'un beau-frère dont la fortune est encore moins considérable. Tous deux n'emploient également que la moitié de leurs revenus en dépenses ordinaires ; le frère ensuite prend le quart de l'autre moitié, pour son fonds de réserve ; tandis que le beau-frère en prélève le tiers pour le même objet. Ainsi ils consacrent à des actes de générosité, M. D*** cinq douzièmes, son frère, trois huitièmes, et l'autre deux sixièmes des produits annuels de leurs biens.

Comment ces trois hommes vertueux font-ils usage des deniers qui entrent dans la caisse de bienfaisance qu'ils ont formée en commun pour la rendre plus efficace ? Le tiers est distribué gratuitement aux nécessiteux, avec le même empressement que si c'était une dette, et avec tous les égards dûs à la pauvreté. Le surplus est réparti entre une multitude de personnes que l'aumône humilierait, mais dont l'industrie a besoin d'être aidée. Ici des ouvriers qui manquent d'ouvrage, n'en demandent jamais en vain à M. D****. ou à ses deux imitateurs. Là une entreprise, qui doit faire le bonheur d'une famille, est mise en activité, ou soutenue prête à tomber. Plus loin sont sauvés du déshonneur et de la ruine, des marchands probes que des malheurs allaient accabler. D'autres fois, des artistes, des littérateurs, dont les talents ne sont pas connus, trouvent des encouragements utiles. En un mot, tous les genres de secours qui peuvent être réclamés par l'indigence, ou par le malheur qui y conduit, M. D*** et ses deux amis les accordent avec un zèle qui en double l'effet, et avec une aménité qui déguise des bienfaits sous l'apparence de simples services.

Un discernement exercé à reconnaître les véritables besoins, est surtout nécessaire aux ministres discrets de tant de bonnes actions; il ne leur faut pour porter un secours, aucune autre sûreté que la bonne réputation de la personne qui le sollicite, et la certitude qu'elle l'attend comme ressource unique. Ceux qui ne demandent pas à titre d'aumônes, souscrivent des reconnaissances; mais elles ne sont reçues que pour ne pas blesser leur amour-propre; car il n'en est fait aucun usage, et elles sont tellement notées dans les papiers des bienfaiteurs, que leurs héritiers eux-mêmes ne pourraient pas en réclamer le payement.

Cependant il arrive que le plus grand nombre de ceux qui ont reçu de pareils services, rendent fidèlement ce qu'ils ont emprunté. S'ils ne le rapportent pas toujours aux époques par eux-mêmes fixées avec plus de bonne volonté que de prévoyance, du moins les sommes qui les ont aidés, rentrent dans la caisse de bienfaisance, qui n'en devient que plus considérable chaque année. Des deniers qui ont une fois servi à porter la consolation dans le sein des familles éplorées, ont acquis aux yeux de nos trois philosophes sensibles, le droit sacré d'être le patrimoine des malheureux ; ils croiraient offenser l'humanité, s'ils leur donnaient une autre destination. Qu'on juge de l'accroissement considérable qu'ont reçu les fonds qu'ils ont consacrés depuis plus de dix ans à des œuvres si louables ! Quelle source de bonnes actions pour l'avenir ! Pourquoi un pareil exemple ne serait-il pas suivi par tant de riches dont le cœur est bon, et qui n'ont besoin que d'être dirigés dans l'usage de leur superflu ? Combien ils s'honoreraient, ceux qui établiraient des caisses de secours pour les familles laborieuses et indigentes ! Quel

avantage pour la société ! Bientôt n'existerait
plus ce spectacle affligeant de pauvres honnêtes
que le manque de travail réduit à mendier.

§ VIII.

De la reconnaissance et de l'ingratitude.

Le caractère distinctif d'un bienfait, est le
désintéressement ; il perd tout son mérite s'il
n'est déterminé que par le désir d'en tirer
avantage. Où il n'y a point de sacrifice, il
n'existe pas de générosité. Tels sont les services que se rendent habituellement les voisins,
les personnes liées par les affaires ou par d'autres rapports : il n'en résulte qu'un commerce
de bons offices pour l'utilité réciproque de
ceux qui se les rendent. La bienfaisance a une
cause toute différente : elle met nécessairement
celui qui l'exerce au-dessus de ceux qui en
ressentent les effets : elle suppose que le premier a du superflu, et que l'autre manque du
nécessaire ; ou bien que l'un jouit, au moins
momentanément, d'un pouvoir, d'une faculté,
que l'autre est forcé d'implorer. Ce rapport
établi par la nécessité, suffit sans doute pour
imposer à celui qui possède quelque chose de

trop, le devoir de donner à celui qui n'a pas assez ; mais ce devoir, on ne le remplirait qu'imparfaitement, si on prétendait recevoir le prix de sa libéralité. La maxime des belles âmes est de faire du bien pour le seul plaisir d'obliger.

Ne croyez pas néanmoins que celui qui a reçu un bienfait, soit dispensé de reconnaissance. L'acte de générosité dont il a été l'objet perdrait sans doute de son prix, si l'auteur en exigeait une récompense ; mais le devoir de la personne à qui il a été rendu, est de n'en pas perdre le souvenir. Elle doit à son bienfaiteur des marques d'affection, le désir de lui être utile dès que l'occasion s'en présentera ; à plus forte raison ne doit-elle lui causer aucun chagrin sans une absolue nécessité. Voilà un devoir que la nature prescrit elle-même ; celui qui ne s'y conforme pas se rend coupable d'ingratitude, et en est puni par le mépris public.

La reconnaissance étant une conséquence si évidente et si utile des rapports que les hommes ont entr'eux, pourquoi la trouve-t-on si rarement ? C'est qu'elle porte atteinte à l'amour-propre ; elle rappèle sans cesse la supériorité que s'est acquise le bienfaiteur. Heureusement pour l'humanité, que le désir de se créer cette sorte de supériorité, est un stimulant capable de porter un grand nombre de personnes à la bienfaisance, au risque de faire des ingrats ; autrement, il se ferait bien peu d'actes de générosité. L'amour-propre est donc notre principal mobile ; s'il cause bien du mal, il est aussi la source des belles actions. Quelques personnes pourtant, ont assez de rectitude dans l'esprit, et assez de bonté dans le cœur pour faire du bien à autrui, sans ostentation ; mais il n'en est aucune qui souffre patiemment une blessure portée à son amour-propre ; c'est ce qu'il y a de plus sensible chez tous les hommes. Beaucoup d'individus sont aveuglés au point de se croire rabaissés, par le souvenir des bienfaits qu'ils ont reçus, ou des grands services qui leur ont été rendus. Le nombre en est bien petit, de ces âmes délicates qui sacrifient l'amour-propre à la reconnaissance. Pour pratiquer cette vertu qui pourtant est si naturelle, il faut être bien soumis à l'autorité du for intérieur, car elle coûte beaucoup. Voilà ce qui fait dire que la reconnaissance est la pierre de touche de âmes vraiment honnêtes. Voilà pourquoi aussi l'opinion publique est si peu indulgente pour les ingrats ; c'est surtout par la honte et le mépris qu'on les punit ; leur amour-propre n'en est que plus humilié.

Quoique le plus souvent, dans le for extérieur, on ne puisse forcer personne à se montrer reconnaissant, néanmoins, lorsqu'il dépend des juges que l'ingrat ne jouisse pas du bienfait, ils ne manquent pas de l'en priver. Par exemple, lorsqu'un donataire s'est rendu coupable d'ingratitude envers le donateur, les tribunaux prononcent la révocation de la donation ; ce qui en fait l'objet est enlevé à celui qui s'est rendu indigne, et retourne au donateur ou à ses héritiers ; et dans le cas où le fait qui constitue l'ingratitude, mérite un châtiment, le coupable est traité plus rigoureusement que s'il eût offensé tout autre que son bienfaiteur ; son crime décèle un plus grand fonds de méchanceté.

§ IX.

Des engagements envers autrui.

Tout homme doué d'un peu de raison, conçoit bien que l'ordre social est fondé sur ces deux grands principes : ne faire mal à personne, faire à autrui tout le bien qu'on peut. Il ne faut pas non plus un grand degré de lumières pour reconnaître que le premier de ces devoirs est violé quand on manque aux engagements contractés. Ils ont deux sources, les événements et les promesses. Les jugements rendus par les tribunaux sont aussi une source d'engagements de la part des personnes qui ont été condamnées à donner ou à faire quelque chose. Mais cette sorte de lien suppose une société organisée par des institutions humaines, et tient par conséquent moins au droit naturel, dont il s'agit ici, qu'au droit positif, dont il sera parlé dans le chapitre suivant.

Il y a des événements d'où il résulte essentiellement des engagements entre diverses personnes, sans qu'elles les aient contractés ; on les nomme engagements nécessaires. C'est ainsi que la naissance d'un enfant occasionne nécessairement entre lui et ses parents des rapports et des devoirs. Le père et la mère sont obligés d'élever cet enfant qui, de son côté, doit aimer et respecter ses parents. Chacun trouve dans son cœur ce précepte gravé par la nature.

De la situation respective des terres et des maisons, viènent aussi des engagements nécessaires entre les voisins. Ils doivent observer entr'eux tout ce qui est indispensable pour que chacun jouisse de ce qui lui appartient sans nuire aux autres. Il est même de leur intérêt de se rendre réciproquement tous les services qu'exige le besoin de vivre en bonne intelligence.

Quand une personne a été retirée d'un grand danger, par quelqu'un qui n'y était pas obligé, il en résulte un engagement nécessaire qui force la personne sauvée à indemniser son libérateur de ce qu'il peut avoir perdu par l'événement, indépendamment de la reconnaissance qu'elle doit lui conserver.

Ces exemples font assez voir comment les

engagements nécessaires sont produits par des événements, ou sont la conséquence de certains faits qui ne dépendent d'aucune des parties. Le devoir de remplir ces engagements est imposé par la nature ; il commence à devenir obligatoire du moment où nous avons connaissance des causes qui les font naître. On sent bien que celui qui ne connaît pas le fait d'où résultent pour lui certains rapports, n'est pas coupable de manquer à l'engagement dont il ignorait l'existence. Un enfant en bas âge a été ravi à ses parents ; devenu grand, il se trouve avec eux sans le savoir. Certainement il ne sera pas répréhensible d'agir envers eux comme s'ils lui étaient étrangers. Il en serait de même lorsque celui qui a eu le courage de retirer des flammes ou des eaux, un individu prêt à périr, a refusé de se faire connaître, et s'est dérobé aux éloges que mérite son action généreuse. L'individu sauvé n'aurait aucun reproche à se faire, si, dans une occasion importante, il manquait de reconnaissance envers son bienfaiteur, qui ne lui est pas connu.

Des événements indépendants de nous, sont cause quelquefois de certains faits qui arrivent par notre volonté; de ces faits il peut résulter des engagements. Je ne les place point parmi ceux que je nomme nécessaires, car alors les devoirs que nous nous imposons sont évidemment l'effet de notre consentement, sans lequel nous n'y serions pas assujétis. Vous retirez dans votre maison un enfant perdu, que le hasard vous fait rencontrer ; il en résulte l'engagement de le nourrir tant que vous le gardez. Cet engagement n'est pas nécessaire ; le hasard, qui vous a offert un enfant, n'est pas l'événement d'où naît directement votre obligation. Vous vous êtes engagé à le nourrir en lui donnant l'hospitalité, c'est-à-dire, par un fait qui n'a dépendu que de vous.

Toutes les fois que l'on a promis, soit de donner quelque chose, soit de faire ou de ne pas faire quelque chose, et qu'une autre personne a droit d'y compter, il y a engagement et il est volontaire. Si on promet une chose sans recevoir aucune promesse en retour, l'engagement est appelé *unilatéral*, parce qu'il ne forme un lien que d'un côté, c'est celui de la personne qui s'oblige. Au contraire, les deux parties se font-elles réciproquement des promesses dépendantes l'une de l'autre? l'engagement est appelé *bilatéral* ou *synallagmatique*, parce qu'il forme un lien des deux côtés. Quand les choses promises de part et d'autre sont de valeur égale, comme dans le contrat de vente et d'échange, l'engagement se nomme *commutatif*.

Prêt à faire un voyage, vous me chargez de gérer vos affaires pendant votre absence : voilà un engagement unilatéral, parce que je m'oblige envers vous, et que vous ne me faites aucune promesse. Je m'engage à vous livrer un objet moyennant un prix convenu, ou de faire un ouvrage en échange d'un ouvrage différent ; voilà un engagement bilatéral ou synallagmatique, parce que les deux parties se sont mutuellement promis quelque chose, et que la promesse de l'une dépend de celle de l'autre. Le contrat est commutatif si les deux choses promises réciproquement sont d'égale valeur. Vous me prêtez votre voiture, et peu après je vous charge de terminer pour moi une affaire. Ce sont deux engagements unilatéraux : l'un par lequel je m'oblige à vous rendre ce que vous m'avez prêté, et l'autre par lequel vous vous obligez à exécuter le mandat que je vous ai donné. Mon obligation n'étant pas une condition de la vôtre, il ne résulte pas de leur ensemble un engagement bilatéral.

Pour qu'il y ait engagement, il faut que celui à qui la promesse a été faite ait un juste droit d'y compter. Ainsi, un simple espoir donné à quelqu'un n'est pas un engagement; il marque seulement la bonne volonté où l'on est de faire la chose demandée; mais il n'attribue pas le droit de l'exiger. Par la même raison, la promesse d'une chose illicite ou impossible n'engage pas, attendu que celui à qui elle a été faite n'a pas dû croire qu'elle s'accomplirait. N'est-il pas évident que vous n'auriez aucune raison de compter sur la promesse qu'on vous ferait de voler tel objet pour vous le remettre, ou d'arrêter le cours du soleil pour que vous ayez le temps d'achever un travail?

Tant qu'une promesse n'est pas agréée, ce n'est encore qu'une simple offre qui peut être révoquée : elle ne devient un véritable engagement, que quand la personne qu'elle intéresse veut bien l'accepter. Pour contenter une personne à qui on doit une certaine chose, on promet de lui remettre un autre objet ; on peut retirer cette offre tant qu'elle n'a pas été agréée, parce qu'il n'en est pas encore résulté l'engagement de se libérer avec l'objet offert. Pareillement, quand on se promet mutuellement quelque chose, l'engagement bilatéral n'est formé qu'après l'acceptation réciproque. J'offre de vous céder un meuble, et vous agréez ma proposition : pour me le payer, vous désirez me faire prendre en échange un cheval que je refuse ; il n'y a d'engagement ni d'un côté ni de l'autre. Mon offre, quoique ayant été acceptée par vous, ne m'oblige pas, puisqu'elle avait pour condition que je recevrais l'équivalent, et que la chose proposée en échange ne me convient pas.

Les engagements volontaires ont leur source dans le consentement des parties ; c'est pourquoi on les nomme aussi *consensuels*. Le consentement n'est parfait que quand la personne qui le donne est douée d'assez de raison pour bien connaître la force du lien qu'elle forme, et qu'elle jouit de la plus grande liberté au moment où elle fait la promesse. Voilà pourquoi les enfants et les insensés ne sont pas capables de s'obliger. Les promesses faites par une personne ivre sont également sans validité. Les uns et les autres ne connaissent pas ce qu'ils font quand ils prènent un engagement.

Que faut-il décider des engagements pris par quelqu'un de raisonnable, envers un enfant ou un insensé? N'ayant pas assez de raison pour discerner s'ils doivent accepter ou refuser la promesse qui leur est faite, leur adhésion est nulle, et par conséquent l'engagement n'est pas valable. C'est pour cela que, dans les institutions humaines, des tuteurs sont donnés à ceux qui sont privés de leur raison; en sorte que si la promesse était faite au tuteur d'un enfant ou d'un insensé, elle serait valable, puisqu'elle serait agréée par une personne autorisée à donner son consentement pour l'individu dont elle est le représentant.

Il y a aussi défaut de consentement lorsqu'on est dans l'erreur sur l'objet de la promesse. Je propose de vous prêter ma montre, et vous croyez que je vous en fais don; l'erreur où nous sommes empêche l'engagement de se former. Je ne suis pas tenu de vous faire le prêt, puisque ce n'est pas un prêt que vous avez accepté; je ne suis pas davantage obligé de vous faire la donation que vous aviez en vue, puisque ce n'est pas à une donation que j'ai consenti. Quand l'erreur touche sur une qualité de l'objet promis, et que cette qualité est évidemment le motif qui a déterminé la volonté, il n'y a pas d'engagement. Vous vous obligez à me fournir, pour un prix convenu, du vin semblable à celui que nous buvons ensemble, et que je prends pour du vin de Bordeaux, tandis que c'est réellement du vin de Bourgogne; la promesse n'a rien d'obligatoire. L'erreur touche sur une qualité essentielle; si j'avais su qu'elle n'existait pas, la convention n'aurait pas eu lieu. Les deux parties n'ont pas donné leur consentement au même objet; car d'un côté on a proposé du vin de Bourgogne, et de l'autre on a entendu recevoir du vin de Bordeaux.

On demande si l'erreur sur la personne qui s'engage, ou sur celle à qui la promesse est faite, rend le consentement vicieux. L'affirmative n'est pas douteuse, quand la considération de la personne a déterminé l'engagement. Vous avez été sauvé d'un danger imminent par quelqu'un à qui vous voulez témoigner votre reconnaissance. A cet effet, vous contractez l'obligation de faire une rente à une autre personne, que vous prenez pour celle qui vous a rendu service. La considération de la personne étant le motif qui détermine l'engagement, il est nul, parce qu'il y a erreur essentielle.

Peu importe que l'erreur sur l'objet ou sur la personne provienne des circonstances, ou de la fraude commise par l'une des parties; l'engagement n'en est pas moins vicié. Dans le premier cas, l'erreur n'est imputable à aucune des parties; au second cas, l'auteur de la fraude est coupable; il ne peut pas tirer le fruit de sa mauvaise foi. Au contraire, il doit réparer le dommage qu'elle peut avoir causé; de plus il mérite punition.

Ce n'est pas assez que le consentement soit donné en pleine connaissance, sans erreur et sans fraude; il est encore nécessaire que la volonté de celui qui s'engage et de celui qui accepte soit libre. De là suit la nullité de tout engagement contracté par violence ou par crainte. Ici s'applique ce que nous avons dit plus haut au § III, en traitant la question de savoir, si on est excusable d'avoir fait du mal à autrui, quand on y a été contraint par

la violence ou la crainte, Nous nous contenterons d'ajouter quelques réflexions : elles
naissent de la différence qu'il y a entre celui
qui se prête actuellement à une mauvaise action, et celui qui prend un engagement dont
l'exécution ne doit pas avoir lieu dans le même
moment.

La crainte d'un mal très-grand peut seule rendre excusable la personne forcée à commettre
une action punissable. Il y a pourtant des actions
tellement criminelles, que la crainte même de
la mort ne peut pas les faire pardonner. Mais
quand il ne s'agit que de faire une promesse
pour l'exécuter par la suite, on se laisse plus
facilement intimider, et on cède à la crainte
d'un mal moins considérable ; il y a loin de la
promesse à l'exécution, et on a l'espoir de faire
annuller le consentement forcé qu'on a donné.

Pour décider si un engagement est nul,
comme fait par crainte, il ne faut pas s'arrêter
à cette sorte de crainte qui est capable de faire
impression sur l'homme le plus courageux, on
doit avoir égard à l'âge, au sexe, à la condition des personnes, comme à la nature de l'engagement. Si par la crainte de subir une peine

qu'on a méritée, on contracte une obligation ; on sera valablement engagé, parce que cette crainte a une cause juste. A proprement parler, l'obligé n'a pas été contraint ; on lui a donné à choisir entre une peine qu'il avait encourue, et un engagement dans lequel on voulait bien commuer cette peine. Cependant si l'engagement était trop disproportionné avec la punition méritée, il pourrait être déclaré nul ; mais seulement pour ce qui serait évidemment au-dessus de la juste mesure.

Un autre cas où la crainte ne détruit pas l'engagement qu'elle a fait contracter, est celui où je me trouve, quand, près d'éprouver un accident, je promets une récompense à celui qui m'en garantira. Je ne peux pas, en conscience, prétexter que mon consentement a été forcé par la vue du danger, et refuser ce que je me suis engagé à donner. Si cependant ce que j'ai promis était évidemment excessif, il pourrait être réduit à la juste valeur du service que j'ai reçu. Privé de la portion de sang-froid qui était nécessaire pour apprécier ce que je promettais, mon consentement serait regardé comme nul, pour ce qui excéderait les bornes de la récompense que je dois. Elle serait éva-

'luée en raison du risque couru par mon libérateur, de l'importance du service qu'il m'a
rendu, et de ma fortune.

Lorsqu'on emploie les menaces pour se
faire promettre quelque chose, non-seulement
l'engagement est nul, mais encore on est tenu
d'indemniser celui de qui on a arraché le consentement, quand il a éprouvé quelque dommage par la crainte qui lui a été inspirée. Dans
le cas où celui à qui la promesse a été faite,
n'a pas eu connaissance de la crainte qu'il ins-
pirait, l'engagement pris envers lui n'en est
pas moins nul, puisque le consentement n'a
pas été donné librement; mais il n'est tenu à
aucune indemnité.

Les jurisconsultes décident qu'un engagement contracté sans cause légitime est nul;
rien n'est plus raisonnable. Mais observez que
suivant le droit naturel dont il s'agit uniquement dans ce chapitre, toute clause qui n'est
contraire ni à l'équité, ni aux bonnes mœurs,
suffit pour rendre légitime un engagement pris
volontairement et sans erreur.

§ X.

De l'amour ou du mariage naturel.

Nous ne considérons pas l'amour sous le rapport de la morale, mais comme sentiment qui provoque entre les deux sexes cette union qui constitue le mariage selon la simple nature. C'est au droit positif qu'il appartient de traiter du mariage, tel qu'il est réglé dans l'état actuel de la société. On n'examinera pas s'il est permis dans le droit naturel de garder le célibat ; car l'amour, comme on le verra, étant un besoin, s'il est des individus qui ne l'éprouvent pas, c'est qu'ils n'ont pas reçu de la nature l'impulsion nécessaire pour chercher à se reproduire. Pour ne parler de l'amour que comme un besoin naturel, nous devons nous borner à indiquer ce que la raison nous prescrit pour le satisfaire, et les engagements qu'il nous fait contracter.

L'amour, ce sentiment si vif, si général, auquel la nature a pour ainsi dire confié la conservation de l'espèce humaine, est trop connu pour qu'il soit nécessaire de le définir.

Cet appétit des individus parvenus à l'adolescence, se perd d'autant plus promptement, qu'on s'empresse à le contenter. Excité par l'ardeur des sens, et souvent augmenté par celle de l'imagination ; il cesse à mesure que se font sentir les glaces de la vieillesse.

Le penchant d'un sexe vers l'autre, est une loi essentielle de la nature, puisqu'elle l'a mis au nombre de nos besoins les plus impérieux : il est aussi un de ses bienfaits, puisqu'elle le place au premier rang de nos plaisirs. Il n'en est que plus facile à tourner en une passion qui, des sensations les plus vives, fait naître les maux les plus funestes. Il est donc bien important de connaître les devoirs imposés dans l'usage qu'on peut faire de l'amour, qui ne rend vraiment heureux, que quand il affecte le cœur plus que les sens.

Une attention bien essentielle, est de ne pas se livrer aux plaisirs de l'amour avant l'âge où la nature les permet à chaque individu ; autrement, ce serait porter la mort dans les sources de la vie. Un abus aussi pernicieux n'arrive guères que par le mauvais exemple, par le peu de surveillance qu'on exerce sur les enfants : c'est donc moins à ceux-ci qu'il faut l'imputer qu'aux personnes chargées de les élever.

Qu'on prène bien garde aussi de se méprendre sur l'espèce d'appétit que font éprouver les sens ; le seul qu'il soit permis d'écouter, est celui qui porte un sexe vers l'autre. Vouloir se contenter soi-même, ou se satisfaire avec des individus du même sexe, c'est commettre contre la nature un attentat qui la révolte d'autant plus, qu'il conduit à la destruction du genre humain, dont la conservation l'occupe uniquement. Pour se convaincre de l'horreur d'un pareil désordre ; qu'on jète les yeux sur les suites affreuses qu'il cause, et sur le nombre de victimes qu'il immole. Plus la nature est irritée d'un vice aussi honteux, plus elle frappe impitoyablement les coupables dans ce qu'ils ont de plus précieux, dans leur santé. Combien ne doit pas être active sur un point aussi essentiel la surveillance des pères et mères sur leurs enfants, et de ceux à qui est confiée l'éducation de la jeunesse !

Si l'homme était comparable aux animaux, la première femme qu'il rencontrerait dans les moments où les sens fermentent, pourrait être la sienne : il serait pourtant forcé de respecter celle que l'âge n'aurait pas encore rendue propre à devenir mère. Ainsi, un premier point à observer dans le choix d'une femme, c'est qu'elle puisse répondre au vœu de la nature. Loin donc ce goût dépravé qui porte certains individus à choisir pour satisfaire leur brutalité, des enfants du sexe féminin ; leur crime révoltant n'est pas moins antisocial que celui commis entre les personnes du même sexe. Ils sont également coupables les parents qui marient leurs filles avant que la santé de ces jeunes personnes soit évidemment assez forte pour supporter le travail de la génération.

L'état de société qui distingue l'homme des animaux, et la perfectibilité de ses facultés, le conduisent à faire de sa femme une compagne qui partage ses occupations, ses peines et ses plaisirs, non seulement pendant l'âge consacré aux amours, mais encore pendant le reste de la vie. Que deviendrait l'ordre social, qui repose sur l'ordre des familles, et les liens qui en résultent, si l'union de l'homme et de la femme ne devait durer que pour finir selon le caprice de l'un ou de l'autre ? Ne sont-ils pas obligés d'élever leurs enfants en commun ? Ceux-ci ne sont-ils pas tenus de soutenir leurs parents dans la vieillesse ? Les frères et sœurs n'ont-ils pas entr'eux des liens formés par l'habitude de vivre sous l'égide des auteurs de leurs jours, aussi bien que par la reconnaissance qu'ils leur doivent également, et dont les témoignages ont besoin de leur concours ? Tous ces délicieux sentiments naissent de l'état de société. On ne peut donc pas douter que le mariage de l'homme social ne doive durer toute la vie. De là il résulte d'abord que cette union doit être volontaire de part et d'autre, parce qu'il en résulte des engagements réciproques, dont la validité dépend du consentement des parties. Elles ne le donnent librement, que quand elles reconnaissent réciproquement certaines convenances, sans lesquelles on ne peut espérer l'accomplissement des devoirs qu'impose un pareil lien. Ils offensent donc la nature les parents qui forcent leurs enfants à contracter des mariages avec répugnance. Il est nécessaire sans doute de les aider à reconnaître les qualités de l'être auquel ils les destinent ; mais user d'autorité lorsqu'il ne se rencontre que dégoût, soit d'un côté, soit de l'autre, c'est leur préparer des malheurs incalculables.

Il faut aussi se méfier de l'illusion que produit l'effervescence des sens ; il n'en est aucune de durable ; et quand elle a cessé, il ne reste plus que des regrets d'autant plus cuisants, que l'erreur a été plus grande, et qu'il n'existe aucun moyen de remédier au mal qu'elle a causé. Ce n'est point pendant un accès de fièvre qu'on doit prendre une détermination qui exige tout le calme de la raison. Pour juger sainement des qualités de la femme ou du mari qu'on doit choisir, que de choses à considérer ! On doit d'abord consulter les convenances du cœur, de l'esprit, du caractère et des talents.

Deux cœurs qui ne sont pas susceptibles d'une pareille énergie de sentiment, ne s'aimeront pas long-temps. Quand les facultés intellectuelles des époux ne sont pas dans un certain rapport, l'ennui les accable tous deux ; l'amour-propre de celui qui se croit supérieur, est alors trop souvent blessé. L'amour s'alimente par l'amour-propre : si ce dernier n'est pas satisfait, l'autre s'éteint et fait place au dégoût. Il n'est pas besoin de prouver que sans l'accord des caractères il s'élevera des querelles fréquentes qui ne permettront d'espérer aucun bonheur. Disons aussi que l'attachement des époux se fortifie par les services qu'ils se rendent réciproquement ; leurs talents doivent donc être analogues au commerce de bons offices qui va s'établir entr'eux, et à l'éducation qu'ils ont reçue.

Dans l'état de société, l'assortiment des familles devient également nécessaire pour opérer de bons mariages : chacune s'apprécie en raison de la considération qu'elle a acquise. Comment, en effet, n'être pas sensible à l'estime, à l'honneur et à la gloire qu'ont mérités un père, un fils, un frère, et même tout autre parent ? C'est au profit de la société que tourne cette émulation qui porte une famille distinguée, soit dans la magistrature, soit dans les armes, soit dans le commerce, soit dans les arts, à s'allier à des personnes dont les droits à la considération publique sont pareils. Lorsqu'on se marie, on ne renonce pas à sa famille, on l'augmente de celle à laquelle on s'unit ; on s'engage à soutenir la réputation que toutes deux se sont acquise ; on s'efforce à les illustrer davantage s'il est possible. Voilà pourquoi les liens qui unissent non seulement les membres d'une même famille, mais encore les parents d'un époux à ceux de l'autre époux, sont si précieux à entretenir ; plus ils sont serrés, plus le voyage de la vie se fait avec sécurité. Qu'il est triste le sort de ceux qui s'aliènent leurs parents par des mariages peu honorables! Des époux abandonnés par les personnes qui peuvent les aider, s'exposent seuls à tous les dangers de la vie ; et dès le moindre accident, leur mésalliance devient entr'eux l'objet de reproches d'autant plus amers, que le mal est sans remède.

Si les hommes étaient restés errants, la fortune, sans doute, ne serait d'aucune considération pour déterminer leur choix dans le mariage ; mais ils n'étaient pas destinés à vivre isolés ; ainsi, dès que la société s'est formée, dès qu'il a fallu à chacun sa propriété, nécessairement les individus les plus habiles ont possédé plus de choses que ceux qui étaient moins intelligents. De là, l'inégalité des fortune, qui est une conséquence de l'ordre social établi par la nature ; de là aussi la crainte de n'avoir pas assez, et le désir d'avoir du superflu.

Celui qui n'est pas suffisamment riche pour se marier avec quelqu'un qui n'a pas de fortune, doit donc déterminer son choix, non-seulement par les qualités dont on vient de parler, mais encore par les biens que possède la personne qui lui est proposée. Il est nécessaire au succès d'une telle union, de ne pas tomber dans l'indigence, et même de ne pas déchoir de la condition dans laquelle on a été élevé. On serait très-blâmable de se marier sans être assuré des moyens de subsister, et d'élever les enfants qui naîtront.

Je n'ai pas parlé des convenances physiques, parce qu'elles sont les premières, et trop souvent les seules qui forment les mariages. Il ne faut pas croire cependant qu'elles soient à dédaigner; je sais qu'il en est de fort importantes, qui sont très-difficiles à reconnaître. Cette répugnance par exemple, qu'éprouvent les sens quand on est très-rapproché de certains individus, comment la prévoir avant le mariage? Et néanmoins, quel affreux supplice elle prépare, lorsqu'elle se découvre après avoir contracté pour toujours une union de cette espèce qui exige une si grande intimité.

En général, sur le choix des qualités corporelles, le goût est la seule règle, et il varie presque autant que la physionomie. Si on en excepte quelques individus trop disgraciés de la nature, chacun a un côté par où il peut plaire; il s'agit de rencontrer une personne qui l'aperçoive. Au reste, l'expérience de tous les jours prouve que les soins nécessaires à la propreté et à la santé, ainsi que la culture des facultés intellectuelles, font passer sur bien des défauts physiques. C'est ce qui a fait dire par un poète célèbre :

« On peut sans être belle être toujours aimable;
» L'attention, le goût, les soins, la propreté,
» Un esprit naturel, un air toujours affable ;
» Donnent à la laideur les traits de la beauté.»

Quand le choix est fait, le plus difficile pour les deux époux est de se maintenir dans les sentiments qui les ont rapprochés. C'est alors que les devoirs réciproques se multiplient. N'attendez pas que j'en fasse ici le tableau; je serais forcé d'entrer dans des détails qui tiènent plutôt à la morale qu'à la science du droit. Je ne dirai rien non plus des règles que les institutions humaines ont introduites pour le mariage, pour établir l'autorité du mari sur la femme et sur les enfants : ce sont des objets qui dépendent plus particulièrement du droit positif. Je n'ai voulu considérer l'union de l'homme et de la femme que comme un effet de l'amour, tel que l'autorise la nature pour le maintien de l'ordre social. J'ai cherché à prouver qu'il n'était pas permis, même dans le for intérieur, de s'abandonner à la fougue des sens et de l'imagination, pour attaquer ou séduire, sous prétexte d'amour, des individus avec qui aucun lien ne peut être approuvé par la nature et la raison.

Il me reste à dire que l'amour légitime oblige à la fidélité réciproque ; ou plutôt, sans cette qualité, il n'existe point d'amour sincère et véritablement exclusif, tel que doit être ce sentiment, perfectionné par le bon usage de nos facultés en société. En effet, pour commettre des infidélités, s'adresse-t-on à une personne dont le cœur est libre ? si elle ignore le lien dans lequel on est engagé, c'est la tromper ; si elle le connaît, et qu'elle cède, l'un et l'autre sont coupables et n'éprouvent pas un amour pur. Ils suivent le seul mouvement des sens, au mépris de leur devoir. Ce feu passager une fois éteint, il ne reste que des remords, et toujours le mépris auquel on s'est exposé. Cherche-t-on à plaire à une personne qui soit également liée d'un autre côté par le serment de fidélité ? c'est une séduction non moins criminelle ; et si on réussit, il en résulte une double violation de foi qui ne peut conduire qu'à des jouissances illicites, et à des chagrins plus cuisants et plus longs que le plaisir n'est réel et durable. Quelle satisfaction peut-on goûter à faire ce qui n'apprête que des remords ? D'ailleurs que devient le bonheur qu'on doit procurer à l'être à qui on l'a promis ? Comment conserver le cœur auquel on est infidèle ? Comment lui cacher qu'on porte d'un autre côté des sentiments qui lui sont dûs exclusivement ? Enfin, si l'objet qui occasionne l'infidélité n'est pas méprisable, s'il est séduit ou trompé, comment se contentera-t-il d'un partage ? C'est bien sûrement en amour qu'il convient de dire : nul ne peut servir deux maîtres.

Quand l'âge ne permet plus les plaisirs de l'amour, l'attachement des cœurs, loin de cesser, prend de la force par l'habitude. C'est le moyen dont se sert la nature pour remplacer l'énergie des sens amortis, et commander la constance aux époux que l'ardeur de la jeunesse ne rapproche plus. Abandonner l'être avec qui on a passé la moitié de sa vie, c'est donc manquer à un devoir prescrit par le droit naturel. L'homme probe peut-il refuser ses secours, ses consolations à la femme qui lui a consacré ses beaux jours, qui lui a prodigué ses caresses, qui lui a donné des enfants, qui les a élevés; en un mot, celle par qui il a été aimé, et qui a d'autant plus besoin de lui, qu'elle est moins en état de trouver un autre soutien? Combien également est méprisable la femme qui délaisse un homme dont elle s'est honorée d'être la compagne, celui à qui elle doit la douce satisfaction d'être mère, celui à qui ses soins sont devenus d'autant plus indispensables, qu'il a plus travaillé pour la rendre heureuse? Ne disons pas que la nature n'a inspiré à l'homme et à la femme le désir de se rapprocher que pour propager l'espèce; qu'ainsi elle leur permet de se quitter quand ils ont perdu la faculté de se reproduire. Ce raisonnement, fait pour les animaux, ne peut convenir à des êtres destinés à vivre en société. Or, le maintien de l'ordre social prescrit à ceux qui ont passé ensemble le temps des amours, de se conserver un attachement que commande la reconnaissance et le besoin de ces secours mutuels qu'ils ne peuvent plus attendre que d'eux-mêmes.

De cette union naturelle naissent divers autres engagements qui en sont une suite nécessaire. Les pères et mères, par exemple, doivent veiller à l'éducation des êtres à qui ils ont donné le jour. Heureusement qu'on éprouve un si grand plaisir à se voir revivre dans ses enfants, qu'il est bien rare qu'on ne les chérisse pas autant que soi-même. Cette tendresse, pourtant, a besoin d'être dirigée d'une manière utile à ceux qui en sont l'objet si légitime. Il faut avoir le courage de les contraindre à prendre de l'instruction et l'habitude des bonnes mœurs. Quand ils sont parvenus à l'âge de se conduire eux-mêmes, les pères et mères sont tenus de leur procurer un état qui les rende utiles à la société dont ils sont membres.

De son côté, l'enfant doit de la reconnaissance à ses parents, pour les soins qu'ils ont pris à l'élever; de l'attachement pour répondre à leur tendresse inépuisable; du respect pour leur âge, leur expérience, leurs conseils et leurs exemples. Si, dans leur vieillesse, les père et mère ont besoin de secours, soit à cause d'infirmités ou d'infortune, l'enfant doit s'empresser de les donner. N'est-il pas trop heureux, dans ces fâcheuses circonstances, d'avoir au moins l'occasion de prouver la sincérité de ses sentiments envers des parents de qui il a reçu tant de services, et à qui il a coûté tant de sacrifices? De quelles douces émotions, de quelle satisfaisante jouissance n'est pas privé celui qui a le malheur de perdre ses parents avant le temps où il pouvait leur prodiguer ses soins reconnaissants! Dans quelle triste situation se trouve l'enfant dont le cœur desséché ne sent pas le besoin de prouver sa tendresse aux auteurs de ses jours! Un tel monstre offense la nature, et se rend criminel devant les tribunaux humains. Il ne serait pas même excusable, quand ses père et mère n'auraient pas fait pour lui tout ce qu'ils auraient dû. Il ne peut pas juger jusqu'à quel point ils en ont été empêchés; d'ailleurs, l'ordre social qui vient de la nature, fait un devoir à l'enfant d'alimenter ses parents infortunés, n'en eût-il pas reçu les soins qu'ils lui devaient; comme ceux-ci sont tenus de le nourrir, s'il est dans le besoin, fût-il ingrat.

Il faut bien que des êtres sans moyens d'existence trouvent de quoi subsister. C'est de leur famille qu'ils doivent recevoir des secours : la société n'en peut être chargée que quand la famille est indigente.

Il se forme aussi entre les enfants des liens qui ne peuvent être rompus sans offenser la nature. Comment ne pas aimer les compagnons de notre enfance, ceux avec qui on a partagé la tendresse des mêmes parents, ceux qui portent le même nom que nous, ceux dont on connaît toutes les qualités, et aux défauts de qui on s'est habitué ? Cependant combien ne voit-on pas s'élever de dissensions entre frères et sœurs ! Ce n'est pas ordinairement tant qu'ils sont dans la maison paternelle ; la tendresse des parents réussit le plus souvent à les prévenir. Presque jamais l'union entre les membres de la même famille ne serait troublée, s'ils n'avaient pas des biens à partager, et s'ils parvenaient également au même degré de fortune et de considération. Il existe heureusement des exemples nombreux de frères et sœurs chez qui ce premier attachement de l'enfance ne s'altère jamais. Ils obéissent au vœu de la nature, qui leur prescrit de s'aimer, de s'aider réciproquement à supporter le fardeau de la vie. Il faut avoir goûté les charmes d'une pareille concorde, pour sentir de quelle douce satisfaction le cœur en est récompensé.

Le mariage naturel établit aussi des relations avec des oncles et tantes, des neveux et nièces, des cousins et cousines. Sans doute, entre ces différentes sortes de parents, les obligations ne lient pas aussi étroitement, que celles qui unissent les pères et mères avec leurs enfants, ou les frères et sœurs entre eux; néanmoins, on se doit, dans les degrés plus éloignés, une bienveillance continuelle, une disposition prochaine à se rendre des services, à se féliciter du bonheur qui arrive réciproquement, à se consoler des maux qui surviènent, et même à s'aider, quand on le peut, à les réparer. Qu'elles sont estimables ces familles qui, de génération en génération, n'oublient pas la souche commune d'où elles sortent, s'honorent de suivre les exemples de vertus que leur ont laissés leurs ancêtres, et dont tous les membres se croient obligés à soutenir la réputation de probité, d'humanité, acquise au nom qu'ils portent!

§ IX.

De l'amitié.

L'amitié, dit un philosophe moderne, est le mariage des âmes. Elle diffère donc beaucoup de l'amour, qui est le mariage des âmes et des corps. Entre époux, s'il n'existe ni amour, ni amitié, leur union est un tourment affreux. Quelquefois on a le malheur de porter de l'amour à un être que l'on n'estime pas assez pour lui accorder de l'amitié. C'est une situation bien triste: le plaisir ne dédommage jamais des peines qu'entraîne le défaut de confiance. Il est plus fréquent de voir des époux qui ne sont liés que par l'amitié. Ils goûtent au moins une satisfaction qui peut suffire à la prospérité de leur association. Mais quand l'amour et l'amitié unissent deux cœurs, ils goûtent le bonheur le plus parfait. L'amour est le goût d'un sexe pour l'autre; l'amitié n'a rien de charnel. Celui-là est une ardeur qui s'éteint à mesure que les sens s'émoussent; celui-ci est un sentiment que le temps augmente, parce qu'il épure les âmes. L'un est un appétit peu durable, l'autre est un besoin de toute la vie. L'amour lie souvent des personnes méprisables, l'amitié ne peut exister qu'entre des âmes vertueuses ; car, pour me servir de l'expression du même philosophe, les méchants n'ont que des complices, les hommes estimables ont seuls des amis. Cette réflexion me dispense de tracer ici tous les engagements que contractent entre elles des personnes qui s'honorent mutuellement par une véritable amitié. Qu'est-il besoin d'indiquer à des cœurs vertueux des devoirs si doux à remplir, et qu'ils s'imposent à eux-mêmes par le sentiment le plus libre et le plus délicat ? Cette sublime amitié, que Cicéron a décrite avec tant de charmes, et que Montaigne a peinte si ingénieusement, est le plus haut degré de perfection où l'homme puisse atteindre. Elle suppose tant de bonnes qualités, et il est si difficile que celui qui les possède rencontre son pareil, que très-peu de personnes sont dignes d'y arriver, et qu'un plus petit nombre encore a le bonheur d'y parvenir.

Qu'ils sont loin de ressembler à de l'amitié, ces rapports nécessaires qui rapprochent journellement les parents, les voisins, ceux qui partagent les mêmes occupations ou les mêmes plaisirs ! Tous ces individus se portent naturellement une affection beaucoup moins parfaite, parce qu'elle n'exige pas la rencontre d'autant de bonnes qualités. Elle n'en est pas moins utile à l'ordre social, auquel elle peut suffire. Le plus souvent, les simples liaisons d'habitude sont déterminées par des convenances de goût, de caractère, d'instruction, et quelquefois par le besoin de se faire une compagnie, ou d'obtenir des services qu'on ne peut payer que par d'autres services. Quoique le sentiment qui résulte d'une mutuelle bienveillance, d'un commerce de bons offices, soit aussi commun que la sublime amitié est rare, cependant il ne peut se former d'une manière durable, qu'entre des personnes estimables et douées de sensibilité. Il est un des bienfaits que répand sur nous l'état de société, et il prend naissance dans l'obligation de faire à autrui tout le bien qu'on peut.

Deux personnes que ce devoir a rapprochées, poussent-elles respectivement leur affection au-delà du terme nécessaire au maintien de l'ordre social ? alors commence à naître l'amitié proprement dite ; elle prend de l'accroissement, selon que les cœurs qui s'unissent découvrent entre eux plus de rapports. En elle-même l'amitié n'est pas un devoir, puisqu'elle n'existe que dans une affection qui excède la mesure exigée dans l'usage ordinaire, et qu'elle est produite par certaines convenances réciproques, dont la rencontre ne dépend pas de nous. Chacun est donc libre de livrer ou de fermer son cœur à ce sentiment, s'il ne s'offre pas à lui sous des apparences qui le flattent. Par la même raison, celui qui s'est trompé dans le choix d'un ami, peut rompre le lien où il ne trouve pas le bonheur qu'il avait espéré. C'est la liberté qui fait tout le charme d'une pareille liaison, ou plutôt, il est impossible qu'elle se forme jamais par la moindre contrainte. Voilà ce qui explique pourquoi on ne voit guère de sincère amitié qu'entre des personnes à peu près de même âge, de même condition, et dont l'une n'exerce aucune autorité sur l'autre. Point de véritable amitié pour des âmes qui n'établissent pas entre elles une parfaite égalité : un protecteur ne peut être l'ami de son protégé, si, dans leur intimité, la distance qui les sépare ne disparaît pas. Que je plains les souverains! ils sont privés des délices que répand l'amitié dans les cœurs assez heureux pour éprouver ce sentiment ineffable que rien ne peut remplacer. Les princes les plus dignes d'être aimés, le sont comme des bienfaiteurs; ils n'ont point d'amis.

Quoique nous soyons libres de nous livrer aux douceurs de l'amitié, elle n'en est pas moins un engagement qui impose des devoirs. Ils sont prescrits par la nature, qui a préparé les cœurs unis pour un lien si précieux. Elle nous ordonne de garder les secrets et de supporter les défauts de notre ami. Elle veut que nous soyons toujours disposés à le défendre ou à l'aider de tous nos moyens; que nous le consolions dans ses chagrins, et que nous augmentions le bonheur qui lui arrive, en partageant la satisfaction qu'il éprouve. Elle nous commande de lui offrir nos conseils, quand ils peuvent lui être utiles, et de recevoir ceux qu'il veut bien nous donner. Elle défend de nous offenser, lorsqu'il n'adopte pas notre avis, ou s'il nous parle contre l'opinion que nous embrassons.

Les devoirs de l'amitié sont d'autant plus sacrés, qu'aucune autorité ne peut forcer à les remplir; ils ne sont nullement du ressort des tribunaux. Moins un engagement est garanti, plus il y a de honte à y manquer. C'est ce qui explique pourquoi ceux même qui ne sont pas capables d'éprouver de généreux sentiments, couvrent de leur mépris un ami infidèle. En dirai-je davantage sur des devoirs si doux à remplir ? Vous qui goûtez les heureux fruits d'une amitié pure et sincère, avez-vous besoin de préceptes pour vous livrer aux tendres épanchements de vos cœurs nécessairement honnêtes ? Ils trouvent tant de charmes à suivre l'impulsion de la nature pour eux si bienfaisante ! Et vous dont l'âme n'est point assez épurée pour sentir tout le prix d'une union si parfaite, j'en ai dit assez ; des leçons plus étendues vous seraient inutiles.

CHAPITRE III.

DU DROIT POSITIF.

Outre les devoirs prescrits par la simple raison, et qui composent le droit naturel, il en est d'autres qui ne subsisteraient pas, si les hommes ne les avaient eux-mêmes imposés lors des institutions sociales. Les devoirs de cette sorte ainsi ajoutés à ceux de la nature, forment le *droit positif*.

Pour en parler avec méthode, nous examinerons dans un premier article, ce qui est de l'essence du droit positif, et dans un second, quels devoirs il impose.

ARTICLE PREMIER.

De l'essence du droit positif.

Pour avoir une idée complète de ce qui constitue essentiellement le droit positif, nous verrons 1° sur quoi il est fondé, et quels sont ses caractères ; 2° comment il s'établit.

§ Ier.

Fondement et caractères du droit positif.

Si les hommes étaient tous maîtres de leurs passions, ils pourraient vivre dans un état heureux de société, en observant uniquement les devoirs que la simple nature leur impose. Tel est le point de vue sous lequel nous les avons considérés dans le chapitre précédent. Ils ont été indiqués comme s'ils étaient les seuls à suivre pour le maintien de l'ordre social. Mais l'aveuglement où nous jète l'intérêt personnel, exige de rappeler à la plupart des individus les devoirs qu'ils ont à suivre, et d'y contraindre ceux qui osent y manquer. D'ailleurs, à mesure que l'entendement humain se perfectionne, il devient indispensable de former de nouvelles institutions, d'où résultent de nouveaux devoirs qui constituent le droit positif. On a vu dans le chapitre précédent que le droit naturel est, de son essence, nécessaire, universel, invariable, et indépendant de toute autorité humaine. Il n'en est pas de même du droit positif qui naît des institutions établies par les hommes : il est sujet aux divers changements .qu'il leur plaît d'y apporter. Ces deux sortes de droit ont pourtant un but commun, celui de conduire au plus grand bonheur que l'homme puisse espérer sur la terre.

De là une conséquence bien importante, c'est que le droit positif ne doit servir qu'à régler la manière d'exécuter les volontés de la nature, selon le plus grand intérêt de la société. Il peut même imposer des devoirs qu'elle n'avait pas exigés; mais jamais on ne doit comprendre dans le droit positif le moindre précepte qui soit contraire au droit de la nature. Loin donc l'opinion perverse de ceux qui excusent des crimes commis sous le prétexte du bien public. Disons avec Juvénal qu'il n'y a jamais rien de juste que ce qui est permis par la nature : *Numquam aliud natura, aliud sapientia dicit.* (Satire 14.)

Tant qu'une société n'est formée que de quelques familles, les simples lumières de la raison suffisent pour la gouverner. A mesure que la population s'augmente, les rapports se multiplient, et les règles de conduite deviènent plus difficiles dans leur application. En même temps, l'intelligence de quelques individus s'améliore plus promptement que celle des autres ; et ils ne tardent pas à interpréter selon leur intérêt les points qui présentent à leur sagacité des sens différents, ou qui sont au-dessus de l'intelligence du plus grand nombre. Le désordre naîtrait bientôt si les membres de la société, par une convention purement volontaire, ne fixaient pas la manière d'appliquer les préceptes de la nature, selon le plus grand avantage commun. D'un autre côté, les progrès de la civilisation nécessitent des établissements qui varient selon les temps, les lieux et les circonstances. De là viènent de nouveaux réglements pour étendre le droit naturel, ou pour suppléer à son silence sur certains objets qui ne sont que d'institution humaine. Par exemple, la seule raison dit aux personnes les moins éclairées, qu'on ne peut contracter mariage que quand on est dans l'âge d'en remplir les devoirs ; mais quel est cet âge ? La nature ne fixe pas le même partout : dans les climats chauds, on devient nubile plus tôt que dans les climats froids. Bien plus, il y a, sur l'époque de la nubilité, des différences quelquefois très-marquées entre les individus d'un même pays. Le bon ordre et l'honnêteté des mœurs qu'il est si nécessaire de maintenir dans l'état de société, exigent que, pour tous les habitants d'une même nation, l'âge auquel ils peuvent se marier soit déterminé ; c'est ce que fait le droit positif. Les constitutions de rentes et les hypothèques ne tiènent pas au droit naturel ; ce sont des institutions purement humaines. Tout ce qui est ordonné sur ces matières vient donc du droit positif qui s'est formé selon les progrès de la civilisation.

Par une conséquence facile à sentir, si quelque chose, dans le droit positif, est resté obscur ou incertain, c'est par les principes du droit naturel qu'on doit l'interpréter : il faut bien que l'accessoire soit régi par l'objet principal. D'ailleurs, le droit naturel ne contient pas autre chose que les règles de la raison ; or, c'est toujours elle qu'il faut consulter pour expliquer des points qui paraissent difficultueux, même dans les choses établies par les hommes. Ainsi, lorsqu'il s'élève une contestation sur l'application d'une loi émanée du droit positif qui ne s'est pas expliqué assez clairement, comme en matière de testament, de procédure, il faut recourir aux principes de l'équité naturelle.

Il n'y a pas réciprocité ; ce qui paraît obscur dans certains devoirs que prescrit la nature, ne s'explique pas par le droit positif. En adoptant alors comme motif d'interprétation ce que les hommes ont décidé, on s'exposerait à prendre quelque erreur pour guide dans la recherche de la vérité. Nous pouvons bien imiter la nature dans nos institutions, et même elles sont d'autant moins imparfaites, qu'elles se trouvent plus rapprochées de ses intentions ; mais il ne nous est pas permis de la faire plier aux règles que nous avons créées, et qui toujours se ressentent de la faiblesse humaine. Si des devoirs naturels présentent quelques difficultés dans leur application, ce n'est jamais la faute de la nature ; elle parle toujours clairement à la conscience de quiconque l'interroge de bonne foi : c'est à nos préjugés, ou à nos passions, ou à notre ignorance, qu'il faut nous en prendre. Il ne s'agit donc, pour ne pas se tromper, que d'écouter la nature plus attentivement. Le véritable moyen d'avoir une bonne solution, est de s'aider des lumières de quelques personnes plus éclairées, nullement sujètes aux mêmes préventions, et nullement agitées des mêmes passions. C'est alors que les écrits des philosophes deviènent utiles,

ce sont des flambeaux qui portent la lumière
où le commun des intelligences ne verrait
que des ténèbres sans leur secours.

On conçoit encore que les institutions du droit
positif, étant l'ouvrage des hommes, peuvent
être détruites par ceux qui les ont établies,
et, qu'après avoir subsisté pendant plus ou
moins de temps, elles peuvent être remplacées
par d'autres. Ce sont les besoins de chaque
société partielle qui lui rendent nécessaire un
droit positif. Il peut donc être tel dans un pays
et différent dans un autre, parce qu'il est approprié au climat, aux habitudes, au progrès
de la civilisation, à la population, à la multipli-
cité des relations; en un mot, aux diverses
circonstances qui se rencontrent: il peut donc
changer quand les causes qui le rendent né-
cesssaire ne sont plus les mêmes.

Ainsi, les caractères essentiels du droit positif, sont sa dépendance du droit naturel,
auquel il ne peut jamais être contraire; sa
mutabilité, puisqu'il peut varier selon les
besoins, et sa limitation au peuple pour lequel
il est établi, chacun pouvant avoir un droit
positif qui lui soit propre.

§ II

Comment le droit positif s'établit.

Le droit positif, complément du droit naturel, est l'ouvrage des hommes; il contient
plus ou moins de préceptes dans chaque contrée, selon qu'il est besoin de les multiplier.
Quand les habitants d'un pays veulent former
un corps de nation, il doivent d'abord consentir à une association; ensuite ils conviènent
de la manière dont chaque associé, en cas de
résistance, sera contraint à remplir les devoirs
naturels qui intéressent l'ordre social. Si le
besoin l'exige, on ajoute au droit naturel divers réglements appropriés aux circonstances
actuelles, ou à celles qui sont prévues pour
un avenir plus ou moins éloigné. En même
temps on indique des peines contre les individus qui oseraient manquer à ce qu'ils sont
obligés de faire, soit d'après le droit naturel,
soit d'après le droit positif. Pour maintenir
l'exécution de ces diverses conventions, des
membres de la société sont chargés de juger
ceux qui contrevièrent aux dispositions de
l'un ou de l'autre droit, et de les forcer à

réparer le mal qu'ils ont causé. A cet effet, chaque membre de la société est tenu de prêter main forte à ceux qui sont revêtus de l'autorité, afin que personne ne puisse résister aux décisions qu'ils rendent. Enfin, prévoyant que de nouvelles règles pourront devenir nécessaires par la suite, on indique par qui et de quelle manière elles seront établies. Quelquefois l'assemblée des habitants se réserve la faculté de veiller au maintien de l'ordre social, et de faire des changements ou des additions au droit positif qu'elle a formé; d'autres fois, elle délègue, ou à plusieurs de ses membres, ou à un seul, cette faculté de gouverner.

Voilà la source de toutes les sortes de puissances légitimes qui doivent régner sur les diverses nations. Si les faits transmis par l'histoire attestent qu'on a rarement suivi cette marche régulière, c'est que presque toujours les plus forts ont asservi les plus faibles. Mais vient un temps où ceux-ci, éclairés enfin sur leurs intérêts, secouent le joug, pour former une association plus conforme au vœu de la nature. Ils ne parviennent pas ordinairement à obtenir tout ce qui serait juste. De là naissent de nouveaux mécontentements quand les lumières se sont encore augmentées ; en sorte que de nouveaux troubles amènent d'autres réformes. Telles sont les causes les plus fréquentes des révolutions chez tous les peuples. Elles n'auraient pas lieu, ou du moins elles seraient beaucoup plus rares, si, pour ajouter au droit naturel ce qui est nécessaire au maintien de l'ordre social dans chaque pays, on observait tout ce qu'indiquent la raison et l'intérêt du peuple. Il faut donc revenir au principe, et enseigner que c'est essentiellement par le consentement libre des membres d'une société, que doivent se former les institutions du droit positif. La première de toutes les conventions de ce genre est celle par laquelle chaque individu consent à faire partie de l'association. Avant que d'établir des règles pour régir la société, n'est-il pas nécessaire que cette société existe, et que l'on en connaisse tous les membres ?

On demande si le pacte par lequel on convient qu'il y aura société, doit être consenti par chaque individu, ou bien s'il suffit de la volonté du plus grand nombre. Il n'est pas douteux qu'une société ne peut exister qu'entre les personnes qui y ont consenti. Celles qui refusent d'en être membres, lui restent étrangères ; on ne peut pas gêner, sur ce point, la liberté qu'elles ont reçue de la nature. C'est seulement lorsque tous les habitants d'un même pays ont adhéré individuellement au pacte social, que chacun se trouve engagé à suivre les règles qui seront établies pour l'intérêt commun, par la volonté du plus grand nombre. Autrement, jamais la société ne parviendrait à s'organiser, parce que, quand elle est assez nombreuse pour avoir besoin d'un droit positif, il est impossible que tous les avis se réunissent sur des points qui sont envisagés par chaque délibérant selon sa position et l'impulsion de ses passions. Les principes fondamentaux que la nature a gravés d'une manière également prononcée dans la conscience de tous les individus, sont les seuls qui puissent obtenir le consentement unanime de tous les membres de la société : ce sont des vérités de sentiment que tous les hommes aperçoivent nécessairement. A l'égard des vérités qui ont besoin des lumières de l'esprit pour être reconnues, chacun en raisonne suivant le degré d'intelligence auquel il est parvenu. De ce nombre sont celles qui conduisent à trouver un bon mode de gouverner la société. Ces réflexions font voir que, quand le pacte social est formé par le consentement de tous les membres de l'union, la raison veut que, pour organiser le gouvernement, les délibérations soient prises à la majorité absolue des suffrages. Adopter ainsi ce qui convient le mieux au plus grand nombre, c'est prendre le seul moyen de parvenir au but que l'on se propose pour la formation d'une société nationale.

De plus amples détails sur la manière dont une société s'organise et se gouverne, seraient ici prématurés ; je me réserve d'en parler en traitant du droit public. C'est assez, pour l'instant, de faire connaître que le droit positif s'établit d'abord par le pacte social, qui n'engage que les personnes qui y ont adhéré individuellement ; et ensuite par des actes émanés du consentement donné par le plus grand nombre. Quand une fois un gouvernement est adopté légitimement, tout membre de la société est tenu de lui obéir, comme au mandataire de la volonté générale, source unique de toute autorité humaine. C'est l'engagement qui résulte essentiellement de l'adhésion au pacte social.

Ceux qui disent que le pouvoir souverain

ne vient que de Dieu, entendent-ils que l'Être Suprême, ayant créé les hommes pour vivre en société, c'est lui qui leur donne la faculté de consentir à la forme du gouvernement qui leur convient, et que le souverain établi de cette manière, est censé tenir son autorité de Dieu ? Dans ce sens, je suis de leur avis. Mais en ne considérant que la cause prochaine, et sans examiner à quel point le Créateur influe sur la formation des sociétés, je n'avance rien de contraire à ce sentiment, en disant que toute autorité légitime est fondée sur le droit naturel, et par conséquent sur le consentement libre de ceux qui se sont soumis volontairement à cette autorité.

Ces deux opinions ne diffèrent que parce que l'une, en attribuant tout à Dieu, veut remonter au premier principe des choses, ce qui n'est à la portée de personne ; tandis que l'autre reste dans les limites d'où l'esprit humain ne peut pas sortir sans risquer de s'égarer. Reconnaître ce qui nous vient de la nature, ce qu'elle nous permet, ce qu'elle nous défend, ce qu'elle nous ordonne, voilà jusqu'où nous pouvons étendre notre intelligence. Quelle puissance l'Être Suprême exerce-t-il sur la nature en général, et particulièrement sur les actions les plus minutieuses des individus, qui, par une régénération perpétuelle, remplissent l'univers ? C'est ce qu'il est impossible à l'homme de concevoir.

Au reste, quelle que soit la manière de penser sur l'essence des choses, il est au moins constant que chaque nation est libre de choisir la forme de gouvernement qui lui convient, et que tous les membres de l'association doivent se soumettre à l'autorité humaine que les suffrages de la majorité ont établie.

Le droit naturel étant universel, invariable et gravé dans la conscience de tous les individus, il oblige nécessairement quiconque a l'usage de la raison, en tout temps et dans tous les pays, sans qu'il soit besoin d'avertissement. Au contraire, le droit positif étant l'ouvrage des hommes, ses actes varient selon les lieux et les circonstances; ils ne deviènent donc obligatoires que pour ceux à qui ils sont destinés, et seulement à compter du moment où il leur en a été donné connaissance. Voilà pourquoi les dispositions du droit positif doivent être nécessairement promulguées; tandis

que cette formalité est inutile pour le droit
naturel, parce que la nature elle-même s'est
chargée de les faire connaître à chaque individu dans le for intérieur.

ARTICLE II.

Des devoirs imposés par le droit positif.

Dans un premier paragraphe, je donnerai une idée
générale des devoirs prescrits par le droit positif, afin
qu'on puisse les distinguer de ceux qui émanent du droit
naturel. On verra dans un second, si les devoirs du
droit positif peuvent restreindre la liberté au point
d'établir l'esclavage. Enfin dans un troisième, j'expli-
querai comment le serment dérive du droit positif.

§ Ier.

Idées générales des devoirs prescrits par le droit positif.

N'oublions pas que le droit positif n'est que
le complément du droit naturel; qu'il com-

mence par l'adhésion au pacte social, d'où naît l'établissement d'un gouvernement chargé de forcer les particuliers à observer les devoirs qu'il peut leur imposer. Ils sont de deux sortes : ceux qui dérivent du droit naturel, et qui intéressent la société ; car le droit positif ne peut pas exiger l'accomplissement des devoirs naturels qui ne sont pas nécessaires au maintien de l'ordre social : chaque individu n'en est tenu que dans le for intérieur. Le droit positif veille encore à l'observation des devoirs institués par les hommes, pour la plus grande utilité commune. Concluons de là que le but du droit positif est de maintenir l'ordre entre tous les membres d'une même nation, et de la diriger vers le perfectionnement de ses facultés. Par conséquent, toutes les espèces de devoirs dont l'observation tend au bien général, peuvent être exigées par l'autorité humaine. Il ne faut donc pas s'étonner si les actes de cette autorité embrassent non-seulement les règles qu'elle imagine, mais encore beaucoup de préceptes tirés du droit naturel, et qu'il est nécessaire ou de rappeler, ou de modifier. C'est le droit naturel, par exemple, qui défend d'attenter à la vie d'autrui ; c'est le droit positif qui décerne des peines contre ceux qui commettent des meurtres. L'obligation de livrer une chose qu'on a vendue, est du droit naturel ; et le droit positif détermine les formes propres à reconnaître la validité des ventes. Il en est de même des autres conventions fondées sur le droit naturel, et qu'il a été nécessaire d'environner de circonstances particulières, pour en rendre l'usage plus approprié à la société.

Lorsqu'on distingue le droit naturel et le droit positif, ce n'est pas qu'il s'agisse de les pratiquer séparément, puisque celui-ci n'est que l'accessoire de l'autre. S'il est important de ne pas les confondre, c'est d'abord pour que les hommes soient attentifs à ne rien ordonner qui soit contraire aux devoirs prescrits par la nature. D'un autre côté, en portant des peines contre des coupables, on doit être moins rigoureux quand ils ont commis des fautes qui ne blessent pas directement le droit naturel. Pareillement, si on juge une contestation, le précepte qu'il s'agit d'interpréter s'étend ou se restreint, selon qu'il émane de la nature ou de la volonté humaine.

Quoique le droit positif exige l'accomplissement des devoirs naturels qui servent à la société, néanmoins il n'étend son pouvoir que sur ceux qui consistent en des actes extérieurs ; d'où il suit qu'il n'a pas d'autorité dans le for intérieur. S'agit-il simplement d'une opération de l'esprit, ou d'une disposition de l'âme, comme la croyance d'un dogme, l'amour de la justice, la charité pour les malheureux, la reconnaissance envers un bienfaiteur ? Il n'y a pas de puissance humaine capable de forcer les consciences, de subjuguer les esprits et les cœurs : la persuasion et l'exemple sont les seules voies qui soient permises et efficaces. La violence n'a aucun pouvoir sur les opinions et les sentiments. Voilà pourquoi, dans les états entièrement civilisés, la liberté de conscience est admise, et que dans ceux où l'on est encore assez peu éclairé pour ne permettre qu'une seule religion, on ne doit pas persécuter les personnes qui refusent d'y croire. On peut exiger seulement qu'elles ne troublent pas l'exercice du culte adopté, et qu'elles en pratiquent les actes extérieurs qui demandent le concours du peuple. On ne pourrait pas non plus punir quelqu'un pour n'avoir fait une action juste que par respect humain, au lieu de l'avoir accompagnée du désir de remplir son devoir. Peu importe aux autorités humaines quels motifs nous déterminent dans notre conduite, pourvu qu'elle n'ait rien de contraire à l'ordre social. L'impossibilité où sont les gouvernements de pénétrer dans le for intérieur, prouve que l'Être Suprême ne leur permet pas d'y étendre leur jurisdiction, et qu'il se réserve à lui seul tout pouvoir d'y commander.

Ne croyons pas néanmoins que l'intention ne soit jamais considérée dans les jugements rendus sur la terre ; on doit souvent s'y attacher, soit pour récompenser convenablement, soit pour absoudre, soit pour punir plus ou moins sévèrement ; mais c'est seulement quand l'intention est manifestée par des actes extérieurs nuisibles. Nous avons déjà fait cette observation au chapitre Ier, article III, § II, en parlant de la justice distributive. La nature ne permet pas aux hommes de pénétrer l'intention, qui est le secret de chaque individu, avant qu'il l'ait réduite en action. Ainsi dans leur droit positif, ils doivent se borner à ordonner ou à défendre des actes extérieurs. Inutilement voudrait-on aller plus loin : quelques moyens qu'on employât, on ne parviendrait jamais à maîtriser les consciences par la force. Tout ce qui tend à ce but n'est donc qu'une persécution inutile, et par conséquent condamnable.

Pour faciliter la distinction entre les devoirs naturels et ceux prescrits par les hommes, on est convenu d'appeler *équité* ce qui est conforme aux ordres de la nature, et de réserver le nom de *justice* pour ce qui est l'accomplissement du droit positif. Payer l'impôt établi légitimement, est une action juste, parce qu'on peut y être contraint par l'autorité humaine. Donner son superflu aux pauvres, c'est faire une action équitable, parce qu'elle n'est ordonnée que dans le for intérieur.

On voit maintenant quelles sortes de devoirs le droit positif peut imposer. D'abord ce sont tous ceux du droit naturel, qui consistent en actes extérieurs, et qui sont utiles à l'ordre social; car les actes extérieurs qui ne l'intéressent pas, ne peuvent être du ressort de l'autorité humaine. Peu lui importe qu'on se lève ou qu'on se couche à telle heure, qu'on se serve plutôt de la main gauche que de la main droite. Les détails où l'on est entré dans le chapitre précédent me dispensent d'en dire davantage sur ce premier objet. Nos obligations y ont été considérées comme prescrites par la nature; mais il est facile de reconnaître celles qui se réduisent à des actes extérieurs, dont la société peut tirer avantage, et qui, par conséquent, peuvent aussi être exigées par les hommes. La seconde classe des devoirs du droit positif, comprend ceux qui ne viènent pas de la nature, mais que les autorités humaines ont établis pour les besoins des peuples. C'est dans le droit particulier à chaque nation qu'il faut les apprendre; ils ne peuvent donc pas trouver place dans des éléments propres à toutes les nations.

Je terminerai ce paragraphe en faisant remarquer comment le droit naturel et le droit positif se prêtent un secours mutuel. L'un pose les préceptes généraux; l'autre, pour les mettre en usage, les modifie, et surtout il en assure l'accomplissement. Les préceptes du droit naturel sont immuables et universels; ceux du droit positif doivent changer suivant les circonstances. Le premier commande dans le for intérieur, le second n'exerce son autorité que dans le for extérieur. L'un fournit les matériaux, l'autre les dispose pour l'utilité commune, et par conséquent il ne peut pas s'étendre aux actions qui ne produiraient aucun avantage à la société.

§ II.

De la liberté et de l'esclavage.

Il n'est pas douteux que la liberté la plus complète nous est donnée par la nature ; ce sont les institutions humaines qui la restreignent. On est dans la nécessité d'en sacrifier une portion pour jouir du surplus avec plus de sécurité. Au chapitre *du droit public,* nous verrons que l'art de bien gouverner consiste à organiser et à diriger l'ordre social, de manière à prendre le moins qu'il est possible sur la liberté primitive de l'homme. Plus une nation est éclairée, plus elle s'aperçoit des entraves qui la gênent au-delà d'une juste mesure. Les peuples les plus ignorants sont ceux à qui il reste le moins de liberté. Quand ils ont perdu totalement ce précieux bien, ils sont dans l'esclavage. C'est ainsi que j'appèle l'état où se trouvent les hommes qui sont forcés d'obéir aveuglément à d'autres hommes. Il y a deux sortes d'esclavage, l'un par lequel une nation entière est soumise aux volontés arbitraires d'un monarque ; c'est l'esclavage public.

ou politique, parce qu'il est établi par le gouvernement qui est aussi appelé l'art politique. On voit ce genre d'esclavage dans les états despotiques, tels que la Turquie, la Perse, la Chine, le Japon. Une autre espèce d'esclavage est celui qui soumet à une personne un ou plusieurs individus, de manière qu'ils sont sa propriété comme les animaux qu'elle achète et qu'elle vend. C'est l'esclavage privé ou personnel, parce qu'il est établi pour l'intérêt privé de certaines personnes.

On n'est pas surpris que les peuples qui sont dans l'esclavage politique, aient introduit l'esclavage personnel; chacun, suivant ses richesses, aime en quelque sorte à se dédommager par l'autorité qu'il exerce sur quelques individus, de l'obéissance absolue qu'il est forcé d'accorder au souverain. Dans les états où tout le peuple est sous le joug de l'esclavage politique, les hommes pauvres ne font pas un grand sacrifice en se vendant à des riches, puisqu'ils ne pourraient faire un usage bien utile de leur liberté individuelle. Il est plus étonnant de voir des nations jouissant d'une grande liberté politique, comme étaient les républiques de la Grèce et de Rome, laisser subsister chez elles un esclavage qui met des hommes dans la classe des choses inanimées. Cette réflexion doit donner la mesure des lumières auxquelles sont parvenus aujourd'hui les peuples civilisés de l'Europe ; car aucun ne connaît cet esclavage personnel, si offensant pour l'espèce humaine. Ils l'ont pourtant introduit dans leurs colonies d'outre-mer ; peut-être les circonstances l'exigeaient-elles pour la culture de ces pays lointains, dont la possession a été si utile au commerce, aux sciences et aux arts. On n'y permet, il est vrai, que des esclaves nègres ; mais la couleur de la peau n'autorise pas un pareil outrage à la nature. Bientôt cette plaie faite à l'humanité sera guérie ; déja il entre dans les principes de la plupart des puissances européennes, de prohiber la traite des nègres, et d'empêcher que ceux qui seront introduits dans les colonies y soient en esclavage.

Il n'est pas de mon sujet d'approfondir cette matière importante ; je dois me contenter de dire que le droit positif seul a établi les deux sortes d'esclavage, puisque la liberté la plus entière nous vient de la nature. J'ai posé pour principe incontestable, que ce qui a été donné par cette mère commune, peut bien être modifié par les institutions humaines, mais ne peut jamais être détruit. De là il suit que l'esclavage politique étant la privation entière de la liberté d'une nation, comme l'esclavage personnel est la privation entière de la liberté d'un individu, l'un et l'autre sont contraires au vœu de la nature, par conséquent l'un et l'autre sont toujours illégitimes.

Ainsi, aucun peuple n'est tenu de rester sous le gouvernement d'un despote, comme aucun particulier n'est obligé de figurer parmi les propriétés d'un autre particulier. Bien plus, les engagements par lesquels on se serait soumis à l'un de ces esclavages, seraient nuls, comme opposés aux volontés de la nature. Cette première souveraine des hommes ne nous permet pas plus de disposer de notre liberté que de notre vie.

Dans le discours ordinaire, l'esclavage et la servitude indiquent indifféremment la même sorte d'assujétissement des personnes à d'autres personnes ; il n'en est pas de même dans la science du droit, où le mot *servitude* désigne l'assujétissement d'une personne à une chose immobilière, ou d'une chose de cette nature à une autre chose semblable ; ce qui donne deux espèces de servitude, l'une personnelle, et l'autre réelle. La servitude personnelle est ainsi appelée, parce que les personnes doivent servir la terre qu'elles habitent : ceux qui y sont assujétis sont nommés serfs. On en voyait beaucoup en Europe dans les temps de l'ancienne féodalité. Peu à peu, à l'aide des lumières de la raison, la servitude personnelle s'abolit ; et même en France, les derniers vestiges qui en restaient ont été effacés à l'époque de la révolution de 1789.

La différence qui existe entre le serf et l'esclave est assez grande pour qu'on ne puisse pas les confondre. L'un est la propriété du maître, qui à tous les instants peut lui commander d'agir de telle ou telle manière, et peut même le vendre comme un meuble. L'obligation de l'autre est seulement de travailler à la terre sur laquelle il est né, sans pouvoir demeurer ailleurs, à moins que le seigneur de cette terre n'y consente ; du reste, il est libre dans ses actions journalières.

De ce que le sort du serf est moins à plaindre

que celui de l'esclave, il n'en est pas moins évident que son assujétissement excède les bornes posées par la nature à la faculté de restreindre la liberté primitive. Il n'est permis de sacrifier de ce bien précieux que la portion qui est nécessaire au maintien de l'ordre social. Comment imaginer qu'il soit d'un avantage commun de contraindre un homme à rester attaché à une glèbe pendant toute sa vie, malgré les motifs les plus déterminants qui, pour son bonheur, le porteraient à changer ou d'état, ou de demeure ? Une pareille obligation n'est-elle pas un obstacle invincible au perfectionnement de l'espèce humaine ? Par conséquent c'est un attentat à la nature. Concluons que la servitude personnelle est, comme l'esclavage, une institution illégitime du droit positif.

Je n'entends pas blâmer ici l'obligation que contracte une personne pour en servir une autre, ou pour travailler à la culture d'une terre. Rien n'est plus raisonnable pour celui qui a besoin de gagner sa vie, que de prêter ses bras à celui qui a le moyen de les payer. On ne voit là ni esclavage, ni servitude personnelle, parce qu'un pareil engagement n'est pas irrévocable, et qu'après le temps fixé, le domestique est libre d'abandonner sa condition, comme l'ouvrier est libre de porter son industrie dans toute autre contrée. Bien plus, l'un et l'autre peuvent quitter même avant l'expiration du temps convenu, en indemnisant ceux avec qui leur engagement a été contracté. Suivant un principe absolu, établi par la nature, personne ne peut être forcé à faire une chose quelconque : *Nemo potem precisè cogi ad factum*. Celui qui ne veut pas faire ce qu'il a promis, est tenu seulement de réparer le tort qu'il cause à la personne qui souffre de son refus. Ainsi, le maître du domestique ou de l'ouvrier n'a pas le droit de les vendre pour le temps de leur engagement ; il ne peut pas même en disposer pour faire autre chose que ce qui a été volontairement convenu ; enfin, on ne peut pas les forcer à continuer leur travail ou leur service, quand il leur plaît de les quitter avant le temps fixé, s'ils préfèrent donner une indemnité.

La seconde espèce de servitude consiste dans l'assujétissement d'un immeuble envers un autre immeuble. Comme il ne s'agit ici que de faire servir une chose à une autre chose, ces sortes d'assujétissements sont appelées servitudes réelles, du mot latin *res*, qui signifie chose. De la faculté qu'on a de disposer des biens que l'on possède, résulte celle d'établir des servitudes réelles par des conventions entre les particuliers. Plusieurs même naissent naturellement de la situation respective des propriétés voisines les unes des autres. Un terrain inférieur est nécessairement sujet à recevoir les eaux qui viènent du terrain supérieur ; c'est une servitude réelle établie par la nature. Le propriétaire d'une maison achète le droit de prendre du jour sur le jardin de la maison voisine ; voilà une servitude réelle établie par la convention. Pour le maintien de l'ordre social, le droit positif peut autoriser les servitudes réelles ; tandis qu'il doit proscrire toutes les espèce de servitudes personnelles, parce qu'elles participent de l'esclavage, qui est l'attentat le plus grand que l'abus de l'autorité humaine puisse commettre contre celle de la nature.

Ces premières notions suffisent à des élémens. Cependant, comme l'état de société ne peut subsister sans que la liberté naturelle de l'homme ne soit restreinte, j'indiquerai au chapitre du *droit public* les limites raisonnables qu'elle doit souffrir ; c'est le lieu où il convient de parler plus amplement de la liberté politique.

§. I I I.

Du serment.

Le serment est une affirmation ou une promesse faite en prenant à témoin, soit Dieu lui-même, soit quelque chose de divin ou de sacré. Le mot serment vient du latin *sacramentum*, qui ne désignait qu'une sorte de serment, celui que l'on accompagnait d'un dédit dont le prix était déposé. Pour exprimer le serment en général, on disait, chez les Romains, *jusjurandum ;* d'où nous est venu le mot *jurement*, qui quelquefois est le synonyme de serment, et qui, le plus ordinairement, est pris en mauvaise part pour désigner, soit des serments faits sans nécessité, soit des blasphèmes, soit des expressions grossières et d'emportement.

C'est aussi du latin *jurare* qu'on a tiré le mot *jurer*, qui, pris isolément, indique la mauvaise action de proférer des jurements; mais qui, suivi d'un régime, exprime l'action de faire des serments. Dire qu'une personne bien élevée ne doit jamais jurer, c'est faire entendre qu'elle ne doit pas se permettre de proférer des jurements, même ceux qui échappent dans l'emportement. Au contraire, jurer amitié, jurer la paix, jurer la vérité, jurer fidélité; voilà autant d'expressions qui indiquent l'action de celui qui fait serment de rester ami, de maintenir la paix, de rendre hommage à la vérité, de garder sa promesse.

Perjurium signifie, en latin, l'action de faire un faux serment, ou de violer la foi promise; nous en avons fait le mot *parjure*, avec le même sens. On nomme aussi parjure celui qui commet cette action. Par conséquent, se parjurer, c'est ne pas respecter son serment.

De la définition du serment, il est aisé de conclure qu'il est une institution du droit positif. Il a été imaginé par les hommes, comme un des moyens d'empêcher les faibles d'user de mensonge ou de manquer de foi. Dans le droit naturel, on ne connaît qu'une seule manière d'affirmer ou de promettre. Si les hommes étaient assez sages pour n'avoir d'autres règles de conduite que celles qui sont prescrites par les seules inspirations de la conscience, ils n'auraient pas même songé à introduire l'usage du serment. Quand on pratique la justice parfaite, qui comprend celle du for intérieur et celle du for extérieur, on se trouve lié aussi fortement par la simple promesse que par le serment. On ne conçoit pas qu'une personne honnête puisse mettre différents degrés de sincérité dans ce qu'elle déclare ou ce qu'elle promet. Mais combien il en est peu de ces hommes aussi parfaitement justes! L'humanité a trop souvent occasion de succomber, quand les passions sont intéressées à déguiser la vérité, ou à méconnaître une promesse. Il fallait donc un frein capable de fortifier l'autorité de la conscience contre les tentations du mensonge. On l'a trouvé dans l'invocation de la Divinité, pour la prendre à témoin de ce que l'on déclare ou de ce que l'on s'engage à exécuter.

Ainsi il y a des déclarations et des promesses qui n'ont pour garantie que la probité de la personne de qui on attend vérité ou fidélité; il en est d'autres que l'on accompagne du serment, pour leur mériter une plus grande confiance. On se persuade que celui de qui on reçoit le serment serait au moins retenu par la crainte d'offenser la Divinité, s'il hésitait à déclarer la vérité ou à remplir son engagement. Cette opinion suppose une croyance religieuse chez la personne qui fait le serment ; autrement cette formalité serait illusoire. Quelle utilité y trouverait-on, si l'on savait que celui qui prête serment ne croit pas à l'existence d'un Dieu vengeur des parjures ? Les hommes à qui les simples lumières de la raison ne suffisent pas pour les éloigner du mensonge ou de l'infidélité, forment le plus grand nombre ; ils ont besoin d'être aidés par le serment ; et comme son institution repose sur une religion, il n'y a pas de peuple civilisé qui n'ait un culte, et où le serment ne soit institué par le droit positif.

Dans les pays où la liberté de conscience est admise, la forme du serment doit convenir à chaque religion. Ainsi on doit se contenter d'y prendre à témoin l'Être Suprême, parce que l'existence de Dieu étant le fondement de toute religion, il n'en est aucune à qui répugne un pareil gage de sincérité. Il se pourrait aussi que le droit positif permît d'adopter une forme de serment particulière à chaque religion. Par exemple, les chrétiens y seraient autorisés à jurer sur l'évangile, tandis que les juifs s'engageraient sur l'ancien testament, les mahométans sur l'alcoran, et ainsi des autres sectaires.

Le serment n'engage que la personne qui le prête : peu importe donc de quelle religion est celle qui l'exige. Cependant celui qui ne croit pas à l'existence de Dieu peut-il raisonnablement recevoir un serment? et quand ce genre d'engagement a été pris envers lui, peut-on y manquer sans être parjure, surtout si on a connaissance de son incrédulité? La question ne souffre aucune difficulté dans le for extérieur, parce qu'il n'appartient pas à l'autorité humaine de pénétrer dans les consciences, et d'y voir quelle est l'opinion religieuse de chaque individu. Celui à qui on a promis par serment, est donc fondé à poursuivre comme parjure, la partie qui a faussé sa promesse, sans qu'elle puisse opposer que le demandeur professe l'athéisme. Dans le for intérieur il en est de même; car celui qui s'est obligé avec serment, est lié par sa propre croyance, indépendamment de l'opinion religieuse de la partie à qui la foi a été promise. En effet, le chrétien qui a juré sur l'évangile, au profit d'un mahométan, est, en conscience, aussi étroitement engagé que s'il avait contracté avec un autre chrétien : il ne peut donc pas non plus s'excuser d'avoir violé son serment, sous prétexte qu'il l'a prêté à un individu qui n'admet aucune religion.

Que faudrait-il décider s'il s'agissait d'un engagement synallagmatique scellé par un serment réciproque ? L'une des parties qui manquerait à sa promesse serait-elle parjure dans le for intérieur, si l'autre partie était sans croyance religieuse ? La raison de douter est qu'une convention où chacune des parties doit faire ou donner l'équivalent de ce qu'elle compte recevoir, n'est valable que quand elles s'engagent autant l'une que l'autre, si donc le serment n'est sérieux que pour l'une des parties, il semble que ce lien ne les engage pas également toutes deux.

Pour se déterminer sur ce point, il faut se rappeler que le serment n'est pas l'obligation, mais une garantie de l'obligation. Lorsqu'elle est synallagmatique, elle est valable dès que les deux parties ont promis respectivement, quoique l'une d'elles seulement ait donné une garantie. Si cette garantie est un serment religieux dont elle sent toute la force, elle devient parjure en manquant à son engagement, encore bien que l'autre contractant n'ait pas corroboré sa promesse par une formalité semblable. Il en serait de même si ce dernier avait fait un serment qui, dans son opinion, ne serait qu'une vaine garantie : ce serait comme s'il avait contracté sans jurer; l'obligation subsisterait toujours entière, même dans le for intérieur. Remarquez pourtant qu'il n'en serait pas moins coupable celui qui violerait son serment, quoiqu'il n'eût pas foi en la Divinité prise à témoin; il aurait trompé la personne qui, en traitant avec lui, croyait se procurer une garantie dont elle se trouverait privée.

« L'institution du serment, pour être utile, doit être environnée du plus grand respect : il ne faut donc le permettre que dans des circonstances graves; l'employer dans des occasions où il ne convient pas d'invoquer le nom de Dieu, c'est jurer en vain; à pnsl forte raison est-on répréhensible lorsqu'on blasphême, c'est-à-dire, lorsqu'on se permet des expressions contraires au respect dû à la Divinité.

Quant aux juremens proférés dans des accès d'emportement, ils aggravent la faute que l'on commet en se laissant aller à la colère : ceux qui échappent par grossièreté, avilissent tellement les personnes qui en salissent leurs discours, qu'elles sont repoussées par les gens estimables, bien élevés, et jaloux de mériter quelque considération.

Nous avons parlé jusqu'à présent du serment religieux ; mais il arrive aussi que l'on affirme par des objets moins élevés que la Divinité, et qui pourtant sont dignes de nos respects : c'est ainsi que souvent l'on jure sur l'honneur, pour garantir, soit la vérité d'une déclaration, soit la fidélité d'une promesse. L'usage de cette sorte de serment s'est introduit dans des temps où peu de personnes savaient écrire, et par conséquent où il était facile de nier les promesses qu'on avait faites verbalement. On était forcé de recourir à la preuve testimoniale ; et, par suite de la grossièreté des peuples, les faux témoignages n'étaient que trop communs, même de la part de ceux qui avaient prêté un serment religieux. Ce vice de la classe inférieure du peuple a donné aux personnes plus relevées, le désir de se distinguer par un serment d'un autre genre, et auquel on ne pouvait pas manquer sans s'exposer à déchoir du rang des honnêtes gens ; ce qui devenait un châtiment plus honteux qu'une condamnation judiciaire, surtout dans des temps où les jugements étaient souvent dictés par l'arbitraire ou l'ignorance. Cette réputation de probité, à laquelle on aspire d'autant plus qu'elle est plus rare, est ce qui constitue l'honneur dans le sens dont il s'agit. Tel qui jure sur son honneur, déclare donc qu'il se voue au mépris de ses semblables, si ce qu'il atteste est faux, ou s'il ne remplit pas la promesse qu'il fait. Les nations les moins avancées peuvent savoir jurer par la Divinité ou par les choses qu'elles regardent comme sacrées. La crainte d'un Être Suprême qui récompense les bons, et punit les méchants, est une des premières idées qui occupent les esprits les plus simples. Il a fallu un certain degré de civilisation pour faire de l'honneur un objet de vénération. C'est en multipliant ses relations, en acquérant des lumières, que l'homme peut sentir combien il lui est précieux d'obtenir l'estime de ses concitoyens.

De même qu'on ne doit pas jurer en vain par les objets divins ou sacrés, pareillement il n'est pas raisonnable d'engager son honneur sans nécessité. Le moindre inconvénient pour celui qui abuse de ce serment, est de faire penser qu'il n'y attache pas une grande importance : il en détruit tout l'effet, et ses promesses n'obtiènent aucune confiance.

Parmi les institutions, celle qui a considéré l'honneur comme un objet sacré capable de retenir les hommes dans les voies de la justice, est d'autant plus précieuse qu'elle atteint tous les individus, même ceux qui, soit par inconduite, soit par système, affectent de ne pratiquer aucune religion. Un autre avantage du serment par l'honneur, est qu'il convient également à toutes les nations, quelle que soit la diversité de leurs opinions religieuses. Si un catholique n'est pas tenté d'ajouter foi au serment qu'un mahométan lui fait sur l'alcoran ; et réciproquement, si le sectaire de Mahomet n'a pas une grande confiance dans une promesse garantie sur l'évangile, l'un et l'autre du moins, en jurant par l'honneur, se croyent liés bien plus efficacement. L'honneur tient donc lieu d'une divinité qui est commune à tous les peuples, et dont le culte s'est universellement établi par la civilisation.

Les Romains n'avaient pas de serment qui
ne fût religieux ; c'est ce qui leur a donné
l'idée de diviniser en quelque sorte la foi jurée.
Ils avaient la déesse *Fides* et le dieu *Fidius*,
qui présidaient aux serments. Il n'en était pas
de même dans les premiers temps de la monarchie française, lorsque le régime féodal s'est
introduit : les seigneurs croyaient que les serfs
devaient seuls être assujétis au serment par
le nom de Dieu. D'abord, parce que c'était
le seul lien de ce genre qui pût être respecté
par des hommes grossiers. D'un autre côté, ils
se formaient une telle opinion de leur supériorité, qu'ils ne voulaient rien faire comme
ceux à qui ils commandaient. Voilà ce qui les
a portés à s'en tenir exclusivement au serment
par l'honneur. Au reste, il n'y avait pas lieu
de s'en plaindre, car ils se croyaient plus fortement engagés que s'ils eussent juré par le
nom de Dieu. Heureux si les nobles ne se fussent
distingués que par de pareilles institutions!
Chez les Romains où le simple titre de citoyen était si honorable, l'élévation des patriciens ne tendait pas à rabaisser les plébéiens.

Rien ne nécessitait des formes différentes pour assurer la foi promise dans toutes les classes; une seule espèce de serment suffisait : aussi, à Rome, on ne connaissait que le serment par l'invocation de la Divinité. En France, où l'inégalité des conditions était si marquée par l'effet de la féodalité, il n'est pas étonnant qu'il se soit introduit deux manières de s'engager par serment ; l'une, qui n'était employée que par les nobles, et l'autre, qui ne convenait qu'aux serfs. Plus une promesse paraissait faible, quand elle n'était pas cimentée par un serment religieux, plus un seigneur, en la garantissant sur son honneur, se croyait étroitement engagé ; il n'aurait manqué à sa parole sous aucun prétexte. Cette heureuse opinion a dû tempérer les maux causés par le régime féodal dans ces temps d'ignorance, où le droit du plus fort était presque toujours consacré comme le plus juste. C'est elle aussi qui a donné naissance à cet esprit de chevalerie dont l'honneur était le mobile, et qui, malgré les folies dont il a été cause, a produit tant de prodiges de courage et de magnanimité.

D'après ces premières notions, on n'est plus surpris de voir que, de tout temps et chez

toutes les nations, ceux qui manquent à leur
serment ou à leur parole d'honneur, sont
odieux, et regardés comme infâmes. Cicéron,
dans ses lettres à son fils, dit que tout honnête
homme doit avoir honte de violer la foi promise, non par la crainte d'être puni, mais
pour éviter que sa conscience ne lui fasse le
reproche d'une infamie. Ce grand homme, non
moins célèbre comme philosophe que comme
orateur, voulant prouver que, même pour
se soustraire à une mort certaine, il n'est
pas permis de manquer à son serment, cite
l'exemple de Régulus. Sans doute ce général,
en retournant à Carthage, a rempli un devoir,
puisqu'après avoir été fait prisonnier de guerre,
il n'avait été envoyé à Rome avec les ambassadeurs carthaginois, que sous la promesse qu'il
avait faite par serment, de revenir prendre
ses fers. Mais ce que je trouve de plus admirable dans la belle action de Régulus, l'exemple d'un courage héroïque, c'est d'avoir déterminé lui-même le sénat à ne point consentir
à l'échange des prisonniers, comme le pro-
posaient les ennemis. Il s'est dévoué aux
plus cruels supplices qui l'attendaient à Carthage, plutôt que de laisser prendre une résolution contraire à la gloire de sa patrie. Ce

trait peint les deux peuples rivaux : les Romains étaient grands ; les Carthaginois étaient avides et envieux.

Une règle générale, est que la foi doit être gardée, quand celui à qui elle a été donnée a eu juste raison d'y compter. De là, que faut-il penser, si un brigand, sur une grande route, menace d'attenter à votre vie, jusqu'à ce que vous lui ayez juré de lui payer une certaine somme, dans un délai déterminé? Assurément le brigand n'a pas juste raison de compter sur un serment arraché par violence ; il serait contraire à toute justice d'admettre qu'il ait pu acquérir un droit par un crime : vous n'êtes donc pas lié par votre serment, qui est nul, parce qu'il n'a pas été prêté avec un consentement libre, et que le brigand qui l'a extorqué par la force, n'a pas dû le regarder comme obligatoire.

Cette décision n'est pas conforme aux principes que professaient les stoïciens ; ils pensaient qu'un consentement forcé n'en est pas moins un lien qu'il faut respecter, suivant leur maxime si connue : *Voluntas coacta est voluntas.* Ce n'est pas que ces anciens philosophes, célèbres par leur sévérité, considérassent la violence comme un moyen légitime d'acqué-rir un droit : ils étaient trop sages pour ap-prouver une proposition aussi contraire à la raison, et si dangereuse pour l'ordre social ; mais ils croyaient que l'homme vertueux doit être assez fort pour souffrir la mort plutôt que de donner un consentement par crainte. Ils en concluaient qu'on est tenu d'exécuter ce qu'on a promis, pour éviter le mal dont on était menacé. On en trouve un bel exemple dans l'histoire romaine. L. Manlius, fils d'Au-lus, ayant été nommé dictateur, avait exercé cette charge au-delà du terme fixé. Pompo-nius, tribun du peuple, l'accuse de cet excès de pouvoirs, et même d'une rigueur extrême contre son fils qu'il tenait relégué à la cam-pagne. Ce dernier, qui, par la suite fut appelé Torquatus, apprend que l'on poursuit son père ; il accourt à la ville, s'introduit chez Pomponius, met l'épée à la main, le menace de la mort, et le force à jurer qu'il se désis-tera de l'accusation. Le tribun rend compte au peuple de ce qui vient d'arriver, et déclare que, pour être fidèle à son serment, il aban-donne la poursuite commencée contre L. Man-lius. Par respect pour le serment, on n'eut point égard à la violence avec laquelle celui de Pomponius avait été arraché, et l'accusation ne fut pas suivie. Dés critiques diront peut-être que le peuple romain, si rigoureusement observateur des formes de procéder, a considéré dans cette occasion plutôt le désistement du tribun que la validité du serment. Cette réflexion serait d'autant plus juste, que la rigueur des stoïciens n'était pas admise dans les lois.

Au reste, cette sévérité de principes n'est à la portée que d'un très-petit nombre d'esprits supérieurs. Les hommes, pour la plupart, ne sont ni assez avancés dans la haute sagesse, ni assez fortement constitués pour mettre en pratique une philosophie aussi sublime. D'ailleurs, elle sort du domaine de la science que nous enseignons, et qui ne reconnaît aucun droit s'il n'est légitimement acquis par celui qui le réclame. La violence étant un moyen injuste, le maintien de l'ordre dans la société, ne permet pas d'accorder le moindre effet aux promesses qui ne sont pas faites librement; il exige même la punition de quiconque emploie la force pour extorquer un consentement, et à plus forte raison un serment.

En droit comme en morale, une promesse est nulle si elle a pour objet une chose défendue. Le serment qui accompagne un pareil engagement ne peut pas le valider ; il rend au contraire la faute plus grave, puisqu'à la violation d'un précepte on ajoute la profanation d'une formalité sacrée. Si donc quelqu'un jurait par le nom de Dieu, ou par son honneur, d'attaquer la pudeur d'une femme, ou de frapper telle personne, ou de commettre un vol ; bien loin d'être engagé par son serment, il serait obligé, pour remplir son devoir, pour éviter un juste châtiment, de renoncer à l'action criminelle qu'il aurait promise, et, dans le for intérieur, il serait de plus tenu de se repentir d'avoir offensé la justice divine et humaine.

Une personne s'est engagée à donner de l'argent sous la foi du serment, en considération d'une chose qu'on lui a juré de faire pour elle. On ne lui tient pas parole, est-elle obligée de donner la somme promise ? Non, parce qu'elle s'est obligée conditionnellement. L'événement auquel se trouve subordonné l'engagement n'étant pas arrivé, on ne peut pas en exiger l'exécution. Le serment n'a pas changé la nature de la convention ; il n'en était qu'une garantie donnée pareillement sous une condition qui n'a pas été remplie. Celui à qui la foi a été jurée, doit d'autant moins se plaindre, que c'est lui-même qui a manqué à la condition sous laquelle a été prêté le serment. En vain dirait-on que le serment sanctifie en quelque sorte l'obligation : le serment n'en est que l'accessoire, il doit avoir le même sort; il cesse d'être un lien si l'engagement cesse lui-même d'être exigible. Cette décision est tellement juste, que les stoïciens eux-mêmes ne se croyaient pas liés par une promesse faite sous une condition qui n'avait pas reçu d'exécution.

Ce qui offre plus de difficulté, c'est le cas où les deux promesses ont été jurées indépendamment l'une de l'autre. Par exemple, j'ai fait serment de vous donner à bail ma maison dans six mois. Peu de temps après, vous m'avez assuré sur votre honneur, que vous me prêteriez une certaine somme sous deux mois. A l'échéance de ce délai, vous refusez de satisfaire à votre parole ; serai-je dispensé de tenir la mienne ? Le doute vient de ce que celui qui manque à sa foi, ne mérite pas qu'on accomplisse à son égard les promesses qui lui ont été faites. Mais le véritable motif de décider, est que la promesse que je vous ai faite n'était pas subordonnée à celle que j'ai reçue de vous postérieurement. Le lien que j'ai consenti existait avant votre engagement qui n'était pas une condition du mien. Ainsi, votre manque de foi ne pourrait pas excuser une faute pareille de ma part : vous êtes parjure, ce n'est pas une raison pour que je le deviène.

Au surplus, voyez ce qui a été dit au chapitre II, art. IV, § IX, en parlant des engagements envers autrui. Les mêmes règles doivent s'observer, soit que la promesse ait été simple, soit qu'elle ait été accompagnée du serment qui n'est qu'un gage de l'accomplissement de l'obligation, et qui n'en change ni la nature ni les effets.

CHAPITRE IV.

DU DROIT DES GENS.

Les devoirs auxquels sont assujéties les nations les unes envers les autres, constituent ce que nous appelons le *droit des gens*, en latin *jus gentium*; c'est-à-dire, celui dont les nations font usage entr'elles. Il fait l'objet de ce chapitre.

Dans un premier article je ferai connaître ce qui est de l'essence du droit des gens ; on verra dans un second quels devoirs il impose pendant la paix ; dans un troisième, les devoirs qu'il impose pendant la guerre ; dans un quatrième, comment les nations contractent entre elles des engagements ; un cinquième article expliquera en quoi consiste la politique.

ARTICLE PREMIER.

De l'essence du droit des gens.

Ce qui est de l'essence du droit des gens regarde d'abord son fondement et son caractère ; nous en parlerons dans un premier paragraphe ; la manière dont cette sorte de droit s'établit, tient aussi à son essence; nous en ferons l'objet d'un second paragraphe.

§ Ier.

Fondement et caractères du droit des gens.

Les Romains, comme on l'a dit dans le chapitre II, étendaient le droit naturel à tout ce qui est commun aux hommes et aux animaux. Les relations qui pouvaient exister seulement entre les individus de l'espèce humaine formaient leur droit des gens; c'est ce que dit Justinien dans ses *Institutes*, liv. I, tit. II, § 1: *Quod naturalis ratio inter omnes homines constituit, vocatur jus gentium.* C'est précisément la définition que donnent les modernes du droit naturel, qu'ils n'étendent pas au-delà de ce qui concerne les hommes. En conséquence ils restreignent le droit des gens aux devoirs qui obligent les nations les unes envers les autres. On l'appèle aussi le *droit des relations extérieures*, par opposition au droit de cité dont on parlera dans la suite, et qui règle les relations intérieures, c'est-à-dire, celles qu'ont entr'eux les membres d'une même nation.

Tous les hommes répandus sur la surface du globe sont liés seulement par les devoirs que prescrit la nature. Néanmoins, il arrive nécessairement que, dans les divers pays, il se forme des sociétés particulières. Les membres qui composent chacune d'elles, suivent entr'eux le droit naturel, et le droit positif qu'ils ont voulu y ajouter. Mais toutesces nations entr'elles ont des relations, ou peuvent en avoir; il leur faut donc des règles pour communiquer les unes avec les autres. Elles observent d'abord ce que leur dit la nature pour les objets qu'elles commencent à traiter; et quand leurs rapports augmentent, elles s'établissent un droit positif par les divers engagements qu'elles prennent réciproquement. Voilà ce qui forme le droit des gens : il consiste pour toutes les nations quelconques dans les préceptes que les simples lumières de la raison indiquent; et pour chaque nation séparément, on y ajoute les traités particuliers qu'elle a consentis avec d'autres nations, soit par écrit, soit tacitement par l'usage.

Les devoirs imposés par la nature, pour les relations extérieures, sont plus ou moins étendus, selon que les nations qui traitent ensemble sont plus ou moins avancées dans la civilisation. Les Etats-Unis d'Amérique, par exemple, ne peuvent pas attendre, dans leurs communications avec les peuplades qui les avoisinent, les attentions, la confiance et les actes d'humanité dont ils sont eux-mêmes capables, et qu'ils trouvent dans leurs négociations avec les nations de l'Europe. Il en est de même de la portion du droit des gens formée par les traités conclus entre deux ou plusieurs nations; elle est portée à un degré de perfectionnement proportionné aux lumières dont se trouvent éclairées les parties contractantes.

Ce qu'on a dit au chapitre précédent, sur le rapport qu'il y a entre le droit naturel et le droit positif, reçoit ici son application, puisque le droit des gens est composé de l'un et de l'autre. Dans leurs relations extérieures, les nations peuvent modifier le droit naturel, et même y ajouter, mais jamais rien instituer qui y soit contraire. Si dans un traité quelque clause ne paraît pas assez claire, on doit l'interpréter par l'équité naturelle. Les engagements pris entre deux nations étant du droit positif, sont variables selon la volonté des parties qui contractent. Ils n'engagent qu'elles seules, et ne durent que pendant le temps qu'elles ont fixé. Au contraire, les devoirs que la nature prescrit aux nations de remplir les unes envers les autres, ont tous les caractères que nous avons donnés au droit naturel; ils sont immuables, ne dépendent aucunement des hommes, et doivent être pratiqués dans tous les temps et entre tous les peuples qui en sont suffisamment avertis par la simple raison.

Les nations sont entr'elles ce que les hommes sont entr'eux. Par conséquent, les engagements qu'elles ont à remplir sont de mêmes espèces et ont les mêmes effets; en sorte qu'on doit y appliquer ce que nous avons dit des engagements, au chap. II, art. iv, § 9. Ils sont unilatéraux ou bilatéraux, nécessaires ou consensuels, commutatifs ou gratuits. Ceux qui sont proposés d'un côté ne deviennent obligatoires que quand ils ont été acceptés de l'autre. Pareillement, pour la validité des engagements pris entre nations, il faut qu'elles y aient donné un consentement libre, et qui, par conséquent, n'ait été obtenu ni par l'erreur, ni par la fraude, ni par une violence illégitime.

La nation que le sort des armes a forcée d'ac-

cepter un traité désavantageux, est-elle obligée de l'exécuter? N'est-elle pas victime d'une
violence qui rend nul son consentement? Il
faut distinguer. La guerre que ce traité termine
était-elle juste de la part de l'ennemi? L'adhésion qu'elle a été contrainte de donner au
traité, n'est qu'un effet légitime de la victoire
remportée sur elle; son devoir est donc de
tenir les engagements qu'elle a contractés, si
pourtant on n'a rien exigé au-delà de ce qu'elle
devait. Au contraire, la guerre a-t-elle été
soutenue pour une cause juste par la nation
vaincue? La violence exercée contr'elle rend
nul son consentement; elle est autorisée à refuser l'exécution du traité, aussitôt qu'elle sera
en état de résister à la contrainte. Cette décision au reste s'applique seulement au cas où
le vainqueur qui a fait une guerre injuste, exige
des conditions contraires aux droits de la nation vaincue.

Qu'arriverait-il si les plénipotentiaires d'une
nation n'étaient pas libres dans le lieu des délibérations; ou bien si on employait la violence pour leur faire signer un traité contraire
aux intérêts qui leur sont confiés? Ils rendraient compte à leur nation de la violence

exercée sur leurs personnes ; et ceux dont ils étaient les mandataires ne seraient pas obligés de ratifier un pareil engagement, puisqu'il n'aurait pas été consenti librement. Bien plus, en supposant que la ratification fût intervenue avant que les délégués eussent pû faire connaître à leurs commettants la conduite injuste de l'ennemi, cette ratification serait nulle, comme donnée par une partie trompée, dont le consentement, par conséquent, n'est pas valable.

Les délégués d'une nation signent volontairement, sans fraude ni violence, un traité qu'ils croyent utile à leur patrie, et dans lequel ils n'ont pas outrepassé les limites des pouvoirs dont ils étaient revêtus : on demande si leur gouvernement est définitivement lié par leur signature, ou si son engagement ne pourra être formé qu'en vertu de sa ratification. Quand des plénipotentiaires ont une mission déterminée, dont l'accomplissement ne dépend pas de leur propre délibération, il n'est pas douteux que l'engagement pris au nom de leur nation, est complet du jour où ils ont exactement exécuté leur mandat. Par exemple, un prince, pour épouser en son nom une princesse étrangère, envoie un ambassadeur afin de se conformer aux formalités qui constituent le mariage dans le pays de cette princesse ; il est évident que du moment où l'ambassadeur a rempli sa mission au nom de son commettant, celui-ci est irrévocablement engagé, sans qu'il soit besoin de ratification. S'agit-il d'une place forte, qu'il faut livrer à une puissance étrangère ? Les commissaires chargés de cette opération engagent leur nation par leur signature, dès qu'ils ne font pas autre chose que ce qui leur a été spécialement prescrit, et il n'est pas besoin de ratification. Veut-on obtenir l'autorisation de faire passer des troupes sur un territoire étranger, ou d'y introduire un certain genre de marchandises, sous des conditions déterminées que l'on offre ? L'ambassadeur qui a fait accepter les propositions a suffisamment engagé sa nation ; la ratification ou n'est pas nécessaire, ou ne peut pas être refusée.

Mais quand les plénipotentiaires ont à débattre les intérêts de leur pays, et à conclure un traité, tel qu'il leur paraît le plus avantageux, leur consentement n'est pas suffisant pour engager la nation. Il faut que le gouvernement dont ils sont délégués donne sa ratification. En effet, suivant les principes essentiels au mandat, le commettant n'est lié que quand le mandataire s'est renfermé dans les limites de sa mission. Si entre particuliers, il y a difficulté sur ce point, les tribunaux décident; mais les traités entre les nations ne sont soumis à aucune autorité. Le gouvernement qui a chargé ses ministres de faire un arrangement aux conditions les plus avantageuses, sans qu'elles aient été spécifiées, ne peut donc se croire engagé, que quand il s'est assuré par lui-même que l'on a suivi complètement ses intentions. Par une conséquence très-facile à sentir, la ratification étant l'acte qui contient le véritable consentement d'une nation, il n'en résulte un engagement que quand les autres nations contractantes ont également ratifié.

Tout ce qu'on vient de dire s'applique aux engagements que les nations contractent volontairement. Il y a aussi entre les nations des engagements nécessaires qui naissent de la nature, sans intervention d'aucun traité. C'est la nature, par exemple, qui place dans tel pays la source d'un fleuve dont les eaux fertilisent des territoires dépendants de plusieurs autres nations. C'est elle encore qui sépare les empires, tantôt par des chaînes de montagnes, tantôt par des bras de mer, tantôt par des déserts. On doit appliquer aux circonstances de cette espèce, pour diriger la conduite des peuples entr'eux, les règles qui ont été expliquées au § IX déjà cité, où je parle des engagements nécessaires qui se forment entre les particuliers.

Le lecteur aura souvent occasion de remarquer que les principes du droit naturel auxquels chaque individu est tenu de se conformer, imposent des devoirs semblables entre les nations. Il n'en est pas une chez qui les lumières naturelles ne fassent trouver d'abord ce qu'elle doit faire pour accommoder son intérêt avec celui de ses voisins, relativement aux choses qui lui occasionnent avec eux des rapports. Ensuite l'expérience montre de part et d'autre, le meilleur usage que l'on peut faire de ces diverses relations. De là naissent des traités pour régler les droits respectifs. Voilà comment les engagements nécessaires entre les nations, en amènent de volontaires, et comment le droit naturel, aidé du droit positif, forme le droit des gens.

Ainsi les caractères de cette sorte de droit sont absolument les mêmes que ceux que nous avons indiqués au chapitre *du droit positif*, sauf que le droit des gens s'applique spécialement aux rapports que les nations ont entr'elles. Il est donc universel pour toutes les nations, indépendamment de toute autorité humaine, en ce qui concerne les devoirs qui leur sont dictés par la nature ; au contraire, il n'est obligatoire que pour les nations qui ont contracté ensemble, en ce qui concerne leurs conventions. Cette dernière partie qui forme la partie positive du droit des gens, est variable, selon qu'on juge à propos de le changer par de nouveaux traités.

§ II.

Comment s'établit le droit des gens.

Le droit des gens, comme on vient de le voir, est fondé sur les relations nécessaires et volontaires que les nations ont entr'elles. Des unes et des autres naissent des devoirs, ou qui en sont la conséquence essentielle, ou qui ont été convenus dans des traités. Par exemple, la nature ayant séparé deux pays par un fleuve, les habitants de l'un et de l'autre ont la faculté

de se servir également de ce fleuve pour pê-
cher et naviguer ; mais chaque nation est tenue
de respecter le rivage du pays voisin, et de
ne faire les travaux relatifs à la pêche et à la
navigation, que sur son propre territoire. Voilà
des engagements qui résultent de la position
du fleuve, et qui existent nécessairement
comme conséquence essentielle de ce fait
provenant de la nature. Un gouvernement envoie des commissaires porter des propositions
à un autre gouvernement ; voilà une relation
volontaire : mais de là dérive, comme conséquence essentielle, que les commissaires doivent se présenter et se conduire chez la nation
étrangère avec discrétion, et que le gouvernement qui les reçoit doit leur laisser toute liberté pendant le temps qu'il leur accorde pour
remplir leur mission. Ce sont encore là des
engagements nécesssaires, quoique provenant
d'une démarche volontaire. Si, pour faire usage
du fleuve qui les sépare, ou pour la réception
de leurs ambassadeurs, deux nations ne veulent pas s'en tenir simplement aux devoirs naturels, elles feront un traité d'où naîtront des
engagements volontaires qui modifieront ceux
qui n'existaient que comme conséquence nécessaire de leurs relations.

Tous les devoirs imposés respectivement à des peuples voisins, par des engagements nécessaires, forment le droit naturel des gens, qu'on appèle quelquefois *droit commun des gens;* en latin, *jus communis gentium.* Les devoirs qui résultent des traités faits entre deux ou plusieurs nations, et qui n'obligent que celles qui ont contracté, composent ce que l'on nomme quelquefois *droit particulier des gens;* et dans la langue des Romains, *jus particularis gentium :* c'est le droit positif des gens. Ainsi ce qui se pratique relativement aux ambassades, aux négociations, aux médiations, aux actes d'hostilité, aux suspensions d'armes, aux trêves, aux otages, aux prisonniers de guerre, à l'hospitalité due aux voyageurs, et à d'autres matières qui intéressent toutes les nations, forme le droit commun des gens. Il doit être généralement observé, parce qu'il ordonne l'accomplissement des devoirs dictés par la nature qui les rend obligatoires par les simples lumières de la raison. Quant aux engagements pris dans des traités, qui forment le droit positif des gens, ils obligent les nations après seulement qu'ils ont été connus par ceux qui doivent les exécuter.

Parmi les devoirs de ce droit particulier des gens, quelques-uns n'ont été introduits que par l'usage. Ils n'en sont pas moins obligatoires, sinon comme nécessaires, du moins comme volontaires; parce que l'usage forme des engagements aussi solides que ceux qui sont réglés par écrit : il en résulte de véritables traités conclus tacitement. Les nations entre lesquelles l'usage a introduit un certain mode de relations, sont donc tenues de le suivre, comme y ayant donné un consentement, qui, pour n'être que tacite, n'en existe pas moins. Il y a pourtant une différence entre l'usage et les traités; ceux-ci doivent durer toujours ou pour un temps déterminé, selon ce qui a été convenu. Il n'est jamais permis de rompre ce qui a été arrêté pour toujours; et on ne doit porter aucune atteinte à ce qui a été réglé pour un temps fixé, tant que le terme n'est pas arrivé. L'usage n'étant qu'un engagement tacite, n'est établi que pour durer autant qu'il conviendra aux parties qui l'ont adopté. L'une des nations peut donc le faire cesser quand il lui plaît, pourvu qu'elle en avertisse les intéressés assez de temps d'avance, pour qu'ils ne souffrent pas de ce changement.

Les intérêts communs à tous les habitants d'un pays étant confiés au gouvernement qui y est établi, lui seul a le pouvoir de traiter avec les gouvernements étrangers; et tous les engagements qu'il prend, soit par écrit, soit par consentement tacite, deviènent des liens pour tous les membres de la nation dont il exerce les droits. Pour les engagements nécessaires qui résultent essentiellement des relations extérieures, il ne faut l'intervention d'aucun traité pour obliger à les remplir; dès que la relation est établie par l'essence des choses, on est tenu de se conformer à ce qu'elle exige naturellement.

Dans chaque pays il y a une force publique toujours suffisante pour contraindre les habitants à remplir leurs engagements, soit nécessaires, soit volontaires; mais quel est le moyen de forcer les nations à s'acquitter les unes envers les autres des devoirs qui leur sont imposés par le droit des gens, soit commun, soit particulier? Il n'en existe pas d'autre que la raison. Si les gouvernements l'écoutaient toujours, ils seraient convaincus facilement qu'il est du véritable intérêt des peuples dont ils exercent les droits, d'observer rigoureusement envers les autres nations tout ce que prescrit le droit des gens. Mais les chefs des nations participent des faiblesses attachées à l'humanité ; ils sont même d'autant plus susceptibles de se livrer à leurs passions, qu'ils ont plus de pouvoir à leur disposition pour les satisfaire. Il y a donc entre les gouvernements des contestations comme entre les particuliers. Les procès de ceux-ci se terminent paisiblement dans les tribunaux : les contestations qui s'élèvent entre ceux-là se décident par le sort des armes, parce que sur la terre ils ne connaissent aucune autorité supérieure à laquelle ils soient contraints de se soumettre. On conçoit que la force étant le seul moyen de satisfaire leurs prétentions, les gouvernements qui ont à leur disposition de grandes armées, soit de terre, soit de mer, doivent être les plus enclins à saisir les moindres prétextes de mécontentement pour déclarer la guerre.

Les états trop petits pour soutenir seuls les attaques de leurs voisins, s'unissent à d'autres états pour se prêter secours mutuellement. De-là les alliances et les confédérations, delà ces vicissitudes de paix et de guerres, de prospérités et de malheurs que les nations ont éprou-

vées dans tous les temps ; delà les grands événements qui se sont succédés. L'histoire qui
les rappèle à notre mémoire nous prouve que
le sort des peuples les plus puissants est enfin
de disparaître, pour faire place à d'autres qui
n'étaient pas connus, ou qui n'avaient aucune
importance.

Il serait digne des lumières du dix-neuvième
siècle, sinon de mettre fin à toutes les causes
destructives des sociétés humaines, chose impossible aux mortels, du moins d'en diminuer
le nombre et d'en ralentir les funestes effets.
Pour parvenir à un but si désirable, pourquoi
tous les peuples qui ont entr'eux des relations,
ne nommeraient-ils pas des plénipotentiaires
qui formeraient un congrès, c'est-à-dire, une
assemblée où serait convenu un code général
du droit des gens? Ce monument de civilisation perfectionnée, s'il était fondé sur les principes de l'équité et de l'humanité, serait pour
chaque partie contractante la garantie de son
existence politique et de sa liberté nationale, si pourtant chaque puissance mettait
tous ses soins à s'y conformer, et à réprimer
ceux qui en violeraient les dispositions. Les
peuples qui entretiènent ensemble des rela-

tions, sont entr'eux dans les mêmes rapports qui existent entre les habitants d'un même pays. Si la tranquillité, la liberté, la prospérité ne sont assurées dans une nation que par un bon code où sont réglés tous les intérêts intérieurs; de même, les peuples considérés les uns à l'égard des autres, ne peuvent espérer de pareils avantages qu'en s'unissant pour faire observer les devoirs qui leur sont prescrits par les rapports nécessaires ou volontaires qu'ils ont entr'eux.

Dira-t-on que les gouvernemens doivent suivre dans leurs relations d'autres principes que ceux auxquels sont assujétis les particuliers dans leurs affaires privées? c'est une erreur qui n'a pu s'accréditer que par l'ambition des despotes, à la faveur de l'ignorance. On ne peut plus être leur dupe aujourd'hui que la raison a éclairé les peuples sur leurs véritables intérêts. Les chefs eux-mêmes n'ignorent plus que la morale en politique ne doit pas différer de celle que les particuliers sont obligés de pratiquer, et qu'une nation est à une autre nation, ce qu'un homme est à un autre homme. Enseigner une doctrine opposée, c'est violer tous les préceptes de la nature; et puisque chaque individu ne peut goûter de vrai bonheur qu'en suivant ce qui est prescrit par sa conscience, pareillement chaque corps de nation ne doit obtenir une prospérité durable, qu'en observant envers les autres nations, les devoirs imposés par l'équité qui est le code universel. Les gouvernements, nous l'espérons, sentiront un jour qu'il n'est plus possible de séparer leurs intérêts de ceux des peuples, pour qui la science de la politique n'est plus étrangère, et qui sont bien convaincus maintenant qu'elle repose sur les règles invariables de la justice parfaite.

Ce vœu de tout ami de l'humanité n'est pas nouveau ; des philosophes dont le cœur et les talents ont honoré leur siècle, l'ont formé longtemps avant nous. Que leur a-t-on opposé? La prétendue impossibilité où étaient les peuples d'acquérir assez de lumières pour être initiés aux opérations des gouvernements. Je réponds d'abord qu'il n'est pas nécessaire que tous les individus d'un pays soient arrivés au même degré de connaissances, pour comprendre ce qui est essentiellement équitable. Le peu d'instruction répandue aujourd'hui dans les dernières classes des citoyens leur suffit pour s'apercevoir s'ils sont gouvernés avec justice. En est-il dont la raison ne soit pas encore parvenue à un point suffisant de maturité? ils ont au moins assez de bon sens pour se laisser guider par les hommes éclairés dont ils sont entourés, et qui sont en grand nombre.

Au surplus, si la classe peu éclairée était la plus considérable, ce serait un motif pour s'appliquer à l'instruire, puisqu'il est démontré qu'elle en doit devenir plus libre, et par conséquent plus heureuse. Il suffit de propager l'utile méthode de l'enseignement mutuel. A l'aide de ce bienfait, les progrès rapides que fera l'instruction ne permettent pas de douter qu'un jour viendra où tous les peuples seront affranchis totalement des entraves de l'ignorance. Savons-nous jusqu'où peut aller la perfectibilité de l'esprit humain? L'histoire écrite, en Occident, ne remonte guères au-delà de trois mille ans, ce qui ne fait pas cent générations. La civilisation, depuis Charlemagne, n'a que mille ans; c'est-à-dire, environ trente générations. La naissance des lettres et des arts ne date pas de trois siècles; et la philosophie, qui a déjà découvert tant de vérités dans toutes les sciences, n'a vu parfaitement briller son flambeau que depuis cinquante ans. Déjà pourtant de toute part chaque peuple demande pour son pays, qu'il soit fixé des formes de gouvernement, afin de n'être plus victime de l'arbitraire. Encore quelques pas de plus dans le perfectionnement des facultés intellectuelles, et un cri général appèlera un code général du droit des gens; les devoirs entre les nations seront réglés, et leur accomplissement sera garanti, et elles ne seront plus exposées aux désastres des guerres, dont la plupart ne sont allumées que par les passions de ceux qui gouvernent. En attendant ce perfectionnement de la civilisation, disons que le droit des gens s'établit par la nature, par les traités ou par l'usage, et qu'il se maintient par la force des armes.

ARTICLE II.

Des devoirs imposés par le droit des gens pendant la paix.

Cet article se divise en deux paragraphes : on verra dans le premier, les devoirs imposés en général entre les nations ; et dans le second les devoirs à remplir entre les individus de nations différentes.

* * *

§ Ier.

Devoirs imposés en général entre les nations.

Tout pays est naturellement en paix ; c'est pour vivre en paix que naissent tous les individus, même ceux qui ne se connaissent pas. C'est donc aussi dans l'état de paix que se trouvent respectivement placées par la nature toutes les nations, même celles qui sont les plus étrangères les unes aux autres.

La paix est formellement reconnue entre les peuples qui ont des relations amicales ; elle n'est que tacite entre ceux qui n'ont ensemble aucune communication ; mais pour tous la paix existe. Elle est la conséquence de notre destination à vivre en commun ; elle est le premier besoin pour le maintien de l'ordre social, et la première obligation des peuples. Ceux qui se connaissent le moins, dès qu'il s'établit entr'eux quelques relations, ont donc à remplir les uns envers les autres, les devoirs du droit commun des gens que leur prescrit la nature, en attendant que des traités ou l'usage aient ajouté d'autres devoirs qui formeront leur droit des gens positif.

Ces devoirs, soit du droit naturel, soit du droit positif, se trouvent dans la classe de ceux qui sont imposés envers autrui. Ainsi, le plus important précepte dicté par la nature à toute nation, est de ne causer aucun mal à celles avec lesquelles elle est en relations nécessaires ou volontaires, si ce n'est pour sa légitime défense, ou en cas de nécessité absolue.

En second lieu, lorsqu'un peuple a causé quelque préjudice à des voisins qui ne l'ont pas attaqué, il est tenu de le réparer ; sinon, il s'expose à une guerre avec ceux qu'il a offensés. Je n'ai pas besoin d'indiquer en quoi on peut blesser les intérêts d'une autre nation ; les gouvernements savent toujours discerner ce qu'il convient de faire ou de ne pas faire, pour ne pas donner aux autres gouvernements sujet de se plaindre. En général, ils sont assurés de parvenir à ce but, en remplissant les devoirs qui résultent des relations nécessaires qu'ils ont entr'eux, et en observant avec fidélité les traités qu'ils ont consentis. La science de la politique ne consiste pas, comme quelques personnes le pensent, à savoir user de finesse avec les nations voisines, mais à bien connaître les intérêts respectifs des peuples qui ont des rapports les uns avec les autres, et à mettre dans la conduite qu'on tient à leur égard, la même bonne foi qui est exigée dans les affaires que font ensemble des particuliers.

Un troisième point est que chaque nation doit faire aux autres nations tout le bien qu'elle peut sans blesser ses intérêts. Pour sentir cette vérité, il suffit de considérer que tous les corps de nations forment entr'eux une société universelle, comme les habitants d'un même pays font entr'eux une société particulière. Ceux-ci ont besoin de commencer leur union par un pacte qui consiste à se soumettre aux autorités qui seront établies par la volonté générale. Les nations ne reconnaissant aucune autorité commune, l'association générale de tous les peuples n'est pas l'effet d'une convention; elle résulte nécessairement du fait de leur existence; leur pacte social est le droit naturel. En effet , c'est la nature qui a destiné tous les individus qui couvrent la surface de la terre à vivre en société. C'est elle aussi qui a divisé le globe en différentes parties, où il s'est formé des associations partielles. Ainsi, toutes les nations composent un grand ordre social établi par la nature. Elles doivent donc observer entr'elles les mêmes règles auxquelles sont assujétis entr'eux les individus. C'est pour cela que toutes les nations ont reçu de la nature la faculté de s'unir par des rapports qui leur sont utiles respectivement, et qui tendent à la perfection, tant des gouvernements que de l'espèce humaine. Aucun perfectionnement ne pourrait s'obtenir si les nations qui communiquent entr'elles, ne s'aidaient pas mutuellement, en se procurant les unes aux autres tout le bien qui est en leur pouvoir. Supposez que les peuples se bornassent à ne se pas nuire; ils se trouveraient dans la même situation que s'ils ne se connaissaient pas. Les avantages qu'ils obtiènent réciproquement de leurs communications, de leur bienveillance mutuelle, n'existeraient pas. Ils resteraient dans un état de pauvreté, d'ignorance qui les ferait souffrir, et qui ne remplirait pas les intentions de la nature.

Quatrièmement, les engagements nécessaires ou volontaires qui lient ensemble deux ou un plus grand nombre de nations, doivent être religieusement remplis ; autrement on blesse le principal devoir, qui consiste à ne faire aucun mal à autrui, puisque la nation envers qui est obligée une autre nation , soit à cause d'un rapport naturel, soit à cause d'un traité tacite ou écrit, éprouve du préjudice par la violation de l'engagement sur l'exécution duquel elle avait droit de compter.

On peut voir au chapitre II, art. IV, ce que nous avons dit sur les devoirs à remplir envers autrui. On y trouvera des réflexions qui sont applicables de nation à nation, aussi bien que de particulier à particulier. Au reste, nous nous bornons ici à indiquer les principes généraux. Leur développement fait le sujet des divers ouvrages qui traitent de la politique. Ce n'est pas dans de simples éléments de droit qu'il convient de donner de longues leçons aux gouvernements, sur la manière dont ils doivent agir les uns à l'égard des autres.

§ II.

Devoirs imposés par le droit des gens entre les individus de nations différentes.

Ce qu'on a dit dans le paragraphe précédent regarde spécialement la conduite qu'il faut tenir dans les affaires que les gouvernements traitent avec d'autres gouvernements. Les mêmes règles doivent être suivies par les individus de chaque pays, dans leurs affaires personnelles avec des étrangers. On y distingue ce qui est du droit naturel et du droit positif. Il n'est point de relations créées par le droit naturel entre les hommes en général, qui ne soient permises entre les membres de différentes nations. Chaque nation, par son droit positif, peut apporter des modifications dans la manière dont elle permet de communiquer avec les étrangers; mais aucun peuple bien civilisé ne s'avise d'interdire la faculté donnée à chaque individu d'établir des relations naturelles avec les habitants des pays étrangers; ce serait mettre obstacle au perfectionnement de l'espèce humaine, et se priver des avantages que procurent nécessairement à un pays ses

communications avec les autres peuples. Ainsi,
les opérations de commerce, les mariages, les
acquisitions de biens, les contrats d'échange,
de prêt, de mandats; en un mot, toutes les
sortes d'engagemens qui résultent des rapports
établis par la nature entre tous les individus
de l'espèce humaine sont autorisées entre des
personnes de nations différentes. Les exceptions qu'on rencontre quelquefois, ou sont des
contraventions aux lois naturelles, ou sont fondées sur des circonstances particulières, ce
qui ne détruit pas le principe général dont nous
parlons.

Les transactions entre deux personnes de
pays différents, se passent nécessairement sur
un territoire où l'un des contractans se trouve
étranger; ce dernier, pour les formalités, doit
suivre ce qui est ordonné dans le pays où il
reçoit l'hospitalité. L'engagement est-il de nature à être exécuté sur un autre territoire? Il
faudra, au terme fixé, que les deux parties se
conforment aux règles établies dans le pays de
l'exécution. Si dans ce pays, des contestations
naissaient entr'eux, on distinguerait ce qui tient
à la capacité des individus, et ce qui tient aux
formalités de l'engagement : pour connaître la

capacité des contractants, on consulterait ce qui est prescrit dans les pays dont chacun d'eux est habitant ; à l'égard des formalités, on se conformerait aux règles du pays où l'obligation a été consentie. Une personne âgée de vingt-deux ans, et qui habite un pays où il n'est permis de contracter qu'à l'âge de vingt-cinq ans, voyage dans un pays où cette faculté est acquise à vingt-un ans. Elle souscrit une obligation qui y est payable avant son départ : on demande si cette obligation est valable, et si, au contraire, l'étranger peut soutenir qu'étant mineur, suivant les lois de son pays, il n'a pas pu contracter. La solution de la question dépendant de la capacité de l'individu qui réclame le privilége de la minorité, il faut s'en rapporter aux réglements établis chez la nation dont il est membre, et décider que l'obligation est nulle, puisque, suivant le droit de son pays, il est encore mineur. Supposons que l'étranger était majeur suivant les lois de son pays, et que pourtant il n'a pas encore atteint l'âge de majorité fixé par les lois du pays où il a contracté : l'obligation serait valable, parce qu'il était capable de contracter, d'après les lois auxquelles sa personne était soumise.

Si l'obligation était telle que dans son pays le débiteur n'encourrait pas la contrainte par corps, tandis que dans celui où il se trouve les lois permettent pour une pareille dette la voie de l'emprisonnement, l'étranger pourrait-il invoquer le droit en vigueur dans son pays, et se soustraire à la contrainte rigoureuse autorisée dans le lieu où il doit payer? Non ; parce qu'il s'agirait alors non plus de sa capacité personnelle, mais de la manière d'exécuter l'obligation, et qu'il faut suivre, pour cet objet, les formalités établies dans le pays de l'exécution. Par la même raison, si l'obligation entraîne la contrainte par corps dans le pays du débiteur, tandis que les lois du lieu où il s'agit d'exécuter ne permettent pas l'emprisonnement pour une pareille dette, cette rigoureuse voie ne pourra pas y être suivie.

S'élève-t-il la question de savoir si l'obligation est valable, attendu qu'elle n'est point passée devant notaire, et que dans le pays du débiteur, un engagement de cette espèce qui serait fait sous seing privé n'aurait pas de valeur? Il faut s'en rapporter aux lois du pays où l'acte a été souscrit; elles seules régissent les formes du contrat : si donc elles permettent qu'il soit fait sous signature privée, il sera valable nonobstant les règles admises, soit dans le pays du débiteur, soit dans le pays où l'obligation doit être exécutée.

Citons encore l'engagement par mariage. Un homme va épouser une femme en pays étranger, pour la ramener chez lui; il doit remplir toutes les conditions que les lois de son pays exigent concernant les qualités de sa personne. Ainsi son mariage serait nul s'il le contractait avant l'âge qu'elles indiquent, ou sans le consentement de ceux sous l'autorité de qui elles le placent. Peu importe que dans le pays où il se marie, les lois ne demandent ni un âge aussi avancé, ni le consentement d'aucune autre personne; car, pour régler la capacité, on doit suivre les lois du pays de la partie contractante. A l'égard de la femme, elle ne sera pas subordonnée aux mêmes conditions; mais il sera indispensable qu'elle se conforme aux lois de son pays pour l'âge et pour toutes les circonstances qui règlent la capacité en pareille matière. Quand chacun des époux a satisfait aux lois de son propre pays, en ce qui concerne la capacité des personnes, il faut, quant à la forme de l'engagement, suivre ce qui est ordonné dans le pays où le mariage est célébré, ne fût-il celui ni de l'un ni de l'autre époux. Comme cette union a pour but de vivre dans le pays du mari, ce sont les lois de ce même pays qui règlent les conditions du mariage. Si donc avant la célébration il est fait des conventions particulières, l'acte, quant à la forme, est rédigé comme il est ordonné dans le pays où il est souscrit ; mais quant aux clauses qu'il contient, elles ne peuvent stipuler, quant aux obligations des époux, rien de contraire aux lois en vigueur dans le pays du mari, puisque c'est là que ces mêmes clauses doivent avoir leur exécution.

Un homme, voyageant dans un pays étranger, voudrait y épouser une femme qui y est aussi étrangère, et pourtant d'une autre nation que lui : les principes qu'on vient de poser sont faciles à appliquer. Chacune des parties serait tenue d'observer les lois qui la régissent relativement à sa capacité personnelle. A l'égard de la célébration du mariage, les deux époux suivraient ce qui est prescrit par les lois du pays où ils sont momentanément. Enfin l'acte contenant les conventions matrimoniales serait dressé dans la forme établie par les lois du pays où il serait signé ; mais les obligations que les époux y contracteraient l'un envers l'autre, devraient être conformes aux lois du pays où le mari est domicilié, si c'est là que les parties déclarent avoir l'intention de les exécuter.

Un homme et une femme nés et demeurant dans la même ville, s'y sont mariés. Par la suite, ils vont s'établir en pays étranger où ils se font naturaliser; c'est-à-dire, qu'ils s'y font recevoir membres de la nation, renonçant à celle dont ils faisaient partie. Leur mariage n'étant pas fait suivant les lois de leur patrie nouvelle, y sera-t-il valable? Oui, sans doute, s'il a été contracté suivant les lois du pays que ces deux époux habitaient, parce qu'elles étaient les seules auxquelles il leur était ordonné de se conformer. Il se peut que leurs conventions matrimoniales se trouvent contraires aux lois du pays où ils ont tranféré leur domicile; et comme c'est là désormais qu'elles doivent recevoir leur exécution, on demande ce qu'elles deviendront. La réponse est que le mariage étant valable, les clauses du contrat qui l'ont accompagné le sont également, si elles sont conformes aux lois qu'on devait suivre à l'époque du mariage. Admettre la validité de l'union conjugale, c'est en permettre l'exécution dans toutes ses parties. Il suffit, en effet, selon la saine raison, et par conséquent selon le droit naturel que rien ne peut détruire, qu'un engagement ait été pris suivant les lois qui régissaient les parties au moment où elles ont signé l'acte, pour qu'il doive être maintenu partout ailleurs; sauf à se conformer, pour les formalités de l'exécution, aux lois du nouveau pays où sont allés demeurer les contractants.

Il serait facile de multiplier les exemples; mais dans un traité purement élémentaire, j'en ai dit assez pour faire sentir en quoi les particuliers doivent se soumettre aux lois d'un pays étranger, par rapport aux engagements qu'ils y forment ou qu'ils y exécutent.

ARTICLE III.

Des devoirs qu'impose le droit des gens pendant la guerre.

On verra successivement dans autant de paragraphes, 1° quand et contre qui on peut faire la guerre; 2° si la guerre doit être précédée de déclaration; 3° ce qui concerne les représailles; 4° quels droits on peut acquérir par la guerre.

§ Ier.

Quand et contre qui est-il permis de faire la guerre?

La guerre proprement dite consiste dans les violences que des nations exercent les unes contre les autres On ne parle pas ici des troubles qui s'élèvent dans l'intérieur d'un pays entre ses habitants; ce sont des guerres civiles : elles ne se règlent pas par le droit des gens qui, comme on l'a dit, ne concerne que les relations extérieures; elles sont du ressort du droit public, où l'on voit ce qui a rapport aux relations qu'ont entr'eux les membres de la même nation.

Au paragraphe Ier de l'article précédent, on a vu que la paix est l'état primitif auquel tous les hommes sont destinés. Il en résulte que la guerre est essentiellement contraire au but de la nature. Le premier devoir de chaque gouvernement est donc de faire tout ce qui dépend de lui, pour maintenir la paix entre le peuple qui lui est soumis, et tous les autres. Les fruits de cette sage conduite sont la prospérité des nations, le bonheur de chaque individu ; en un mot, le plus grand avantage du genre humain.

Il est aussi difficile d'éviter les contestations entre les peuples qu'entre les particuliers. Ceux-ci ont la ressource de faire décider leurs différents par l'autorité qui leur est commune ; tandis que les nations, pour obtenir justice, ne se trouvent que trop souvent obligées de recourir aux armes, n'ayant pas d'autre autorité à invoquer. Leur devoir, dans cette cruelle nécessité, est du moins de n'entreprendre la guerre que par des motifs puissants, et pour repousser une agression injuste, ou

pour exiger la réparation d'un tort considérable ; encore faut-il être assuré de l'obtenir
par la force qu'on veut employer ; car autrement, on porte à son pays un préjudice plus
grave que celui dont on poursuit la réparation.

La dernière guerre que l'Angleterre a suscitée aux États-Unis en est un exemple. Avant
cette guerre, l'Angleterre leur avait pris environ mille vaisseaux : pendant les hostilités,
quatorze cents vaisseaux ont été pris aux An-
glais. Ceux-ci, avant la guerre, avaient fait
esclaves six mille Américains ; et pendant la
guerre, plus de six mille sujets de la Grande-
Bretagne ont été tués. En finissant cette guerre,
le gouvernement britannique a été forcé de
payer aux États-Unis 4 à 500 guinées pour
chaque esclave qu'il avait fait : ainsi, pour la
moitié des sommes que lui a coûté la perte
de ses vaisseaux, il aurait pu acheter ceux qu'il
a pris ; les six mille hommes qu'on lui a tués
auraient pu être employés à l'usage auquel
avaient été destinés les citoyens qu'il avait mis
en esclavage ; il aurait épargné les 4 à 500
guinées qu'il a payées par chaque tête de ces
mêmes citoyens. Enfin, il n'aurait pas terni sa
réputation par une grande injustice.

Rien sans doute pour une nation, n'est plus conforme à la raison, que d'employer la violence pour se défendre contre la violence. Cependant, si la nation attaquée avait causé du préjudice à celle qui a pris les armes pour demander réparation, la première serait coupable si, au lieu d'accorder l'indemnité réclamée, elle préférait la guerre; elle serait responsable de tous les maux que causeraient les hostilités. Pareillement, recourir à la guerre pour exiger une chose qui n'est pas dûe, c'est faire une attaque injuste. Dans l'un et l'autre cas, on blesse les devoirs imposés par la nature.

Pour juger si une guerre est fondée sur de bonnes raisons, soit en attaquant, soit en défendant, on ne doit pas seulement s'arrêter aux motifs allégués pour la justifier. Souvent les gouvernements, dans leurs manifestes de guerre, ne font pas connaître les causes réelles qui les font agir. Cette pratique est d'autant plus blâmable qu'elle n'a pour but que de tromper les peuples. Au reste, depuis qu'ils sont éclairés, ils ne sont plus la dupe des gouvernements, quoiqu'ils en soient trop souvent les victimes. Ce genre de tromperie ne doit donc plus être employé. Je fais aussi cette réflexion afin de rendre circonspects ceux qui s'empressent de louer ou de critiquer les publications de guerre. Pour prononcer sur un tel sujet, il est nécessaire d'être bien instruit du véritable motif des hostilités. Les gouvernements sont donc intéressés à ne point les déguiser, pour éviter les conjectures fausses que les peuples pourraient tirer, et qui nuiraient d'autant plus, qu'ils s'occupent maintenant de leurs droits avec beaucoup d'intérêt.

Avant que de prendre les armes contre une nation qui a violé ses devoirs, il faut épuiser tous les autres moyens d'en obtenir justice; alors seulement la guerre est légitime. Dans toute société civilisée, un particulier, avant que d'être forcé par l'autorité à remplir l'engagement auquel il a manqué, doit y être invité: c'est sur ce principe d'équité qu'en France, est fondée la formalité de la citation au bureau de paix, toutes les fois qu'on veut intenter un procès dans les matières ordinaires. Il en est de même d'une nation; elle ne doit être contrainte par la force des armes, que quand elle a formellement résisté aux invitations qui lui ont été faites de satisfaire à ses obligations.

Peut-on faire la guerre seulement pour la plus grande utilité de la nation que l'on gouverne? Il est permis sans doute par la nature d'améliorer le sort qu'elle nous a fait ; mais cette mère commune, à qui tous ses enfants sont également chers, ne veut pas que l'un, uniquement pour augmenter son bien-être, fasse le moindre tort à un autre. Elle consent que nous acquérions toute sorte de biens, pourvu que ce ne soit au détriment de qui que ce soit. Ainsi, tout ce qu'une nation peut se procurer pour son utilité, est à sa disposition s'il n'en résulte aucune atteinte aux droits ou aux propriétés d'un autre peuple : elle peut même repousser par les armes les obstacles qu'on voudrait mettre au travail qu'elle entreprendrait pour arriver à ce but légitime. Dans ce cas, ceux qui s'opposeraient au perfectionnement de son état commettraient une injustice : ils ne seraient pas excusables, même quand il y aurait à craindre que cette nation devînt un jour plus puissante qu'elle n'est actuellement. En effet, si en se procurant de nouveaux avantages elle n'empiète sur aucun droit étranger, elle use des moyens que la nature lui a donnés ; et ce qu'elle fait, loin d'être blâmable, est conforme à sa destination. Oui, nous ne pou-

vons pas en douter, il est dans l'ordre des
choses que certaines nations, à cause du pays
qu'elles habitent, du climat dont elles jouissent, des productions qu'elles trouvent, de
l'intelligence dont elles sont douées, soient
plus puissantes que d'autres qui sont privées des
mêmes avantages. C'est précisément comme
les membres d'une même société; il est impossible qu'ils aient tous la même richesse,
qu'ils aient tous l'esprit également cultivé. En
un mot, l'inégalité des conditions, qui arrive
par l'exercice légitime des facultés corporelles
et intellectuelles, est aussi conforme au vœu
de la nature parmi les nations que parmi les
individus. Mais si, pour posséder ce qu'elle
n'a pas encore, une nation veut priver ses
voisins de quelque chose qui leur appartient,
elle commet une mauvaise action; et la guerre
qu'elle entreprend pour parvenir à ses fins est
évidemment injuste.

Est-il permis de porter la guerre chez une
nation, pour la forcer à remplacer sa religion
par une autre que l'on croit meilleure? Les
peuples sont encore plus attachés au culte qu'ils
ont reçu de leurs ancêtres qu'à la forme de
leur gouvernement; et, en général, ce n'est

qu'avec beaucoup de résistance qu'on les force
à changer, soit de l'un, soit de l'autre. Ces
deux sortes d'autorités sont nécessaires pour
commander dans le for intérieur et dans le for
extérieur : le besoin qu'en ont les peuples est
donc conforme au vœu de la nature. Quiconque ose attaquer la religion professée dans un
pays, porte donc atteinte à une des propriétés
les plus précieuses des habitants; la guerre
qui leur est suscitée à cette occasion, est souverainement injuste. En vain dirait-on que la
nouvelle religion qu'on apporte est la seule
véritable. Une pareille proposition n'est jamais
assez évidente pour que la masse des peuples
la doive reconnaître; au contraire, ne fût-ce
que par l'habitude, tous sont si naturellement
portés à regarder comme préférable le dogme
dans lequel ils ont été élevés, qu'ils le défendent avec le plus vif acharnement. L'histoire
est remplie de faits qui attestent cette vérité
incontestable. Suivant les lumières de la raison, il n'y a de permis que la voie de la persuasion, pour déterminer, soit des individus,
soit des nations entières, à remplacer leur religion par une autre qu'on leur annonce comme
meilleure : employer la violence, c'est violer
évidemment le droit de gens.

Les auteurs qui traitent de la guerre, exa-
minent dans quelles circonstances on a le droit
de forcer un peuple, soit à donner passage
sur son territoire, soit à vendre ou à acheter
les productions naturelles qu'il récolte, soit
à laisser prendre chez lui des femmes dont
on manque, soit à livrer les criminels qui se
sont réfugiés sur son territoire. Ils traitent plusieurs autres questions qui conduisent à connaître les cas où il est permis de faire la guerre.
Ces matières, tout importantes qu'elles sont,
m'écarteraient trop du but que je me suis proposé dans cet ouvrage purement élémentaire;
il suffit d'enseigner qu'aucune guerre n'est
juste, si elle n'a pas pour cause unique la
réparation des torts graves qu'on a éprouvés
par la faute de la nation que l'on veut traiter
en ennemie.

Ce n'est pas seulement pour son propre
intérêt qu'une nation peut légitimement faire
la guerre; elle est tenue de secourir ses alliés,
conformément aux traités qu'elle a faits avec
eux. Cependant on ne doit figurer comme
auxiliaire dans une guerre, que quand elle
est juste, parce que la promesse de soutenir
des alliés est toujours faite sous la condition

tacite, que les guerres par eux entreprises seront fondées sur le bon droit. En conséquence, les règles par lesquelles un gouvernement doit décider s'il lui est permis d'entreprendre une guerre offensive ou défensive, s'appliquent à toute guerre où il est appelé par des alliés. Avant donc que de leur fournir les secours qu'il leur a promis, il doit examiner si leur motif d'hostilité est raisonnable : c'est dans ce cas seulement qu'il doit les soutenir ; autrement il s'exposerait à devenir complice d'une guerre illicite.

Est-il permis de seconder, soit un gouvernement contre le peuple qui lui est soumis, soit un peuple contre son gouvernement ? Les principes ne sont pas douteux, leur application seule présente des difficultés. En effet, si le gouvernement use d'une autorité légitime pour réprimer une révolte, le secours qu'il demande à son allié peut lui être accordé. Au contraire, il ne pourrait pas justement l'obtenir si, ayant abusé trop violemment de sa puissance, il avait forcé le peuple à rompre les liens qui le tenaient assujéti à une autorité devenue tyrannique. On conçoit que la même distinction s'applique au cas où c'est le peuple qui réclame le secours d'une nation voisine : celle-ci doit se décider selon que l'entreprise de ce peuple contre ceux qui le gouvernent est juste ou criminelle. Combien peu ces préceptes enseignés par le droit naturel, servent de règle aux nations qui voient s'élever une insurrection dans un pays où elles ont des relations ! Pour la plupart, elles ne consultent que leur propre intérêt, pour accorder ou refuser du secours à l'un des partis. Combien de fois n'arrive-t-il pas que des étrangers fomentent les dissensions intestines, tout en paraissant n'y prendre aucune part !

§ II.

De la déclaration de guerre.

Après avoir indiqué les cas où la guerre est juste, voyons si on est obligé de l'annoncer par une déclaration. L'équité ne permet d'employer l'autorité envers qui que ce soit, pour le forcer à remplir ses engagements, si ce n'est après l'avoir averti ; c'est seulement lorsqu'il a refusé de réparer ses torts, qu'on peut l'y contraindre par les voies licites. Il en est de même à l'égard d'une nation, comme je l'ai déjà dit ; on ne doit user de violence pour en obtenir justice, que quand on l'a invitée à la rendre volontairement, et qu'elle s'y est refusée. Des négociations près d'un gouvernement offenseur préparent la réparation ; et, si elle n'est pas accordée, il faut faire une sorte de sommation à la nation entière que l'on veut attaquer. Le seul moyen est de rendre publics les motifs qui font prendre les armes : c'est ce qu'on nomme *déclaration de guerre*. Il importe aussi de faire savoir à la société générale des nations, qu'on a été forcé, par la conduite de l'ennemi, à commencer les hostilités contre lui. La réputation de probité n'est-elle pas aussi nécessaire aux gouvernements qu'aux simples particuliers ? Comment conserver cette réputation, si, au tribunal de l'opinion publique, on ne justifie pas le parti extrême qu'on est forcé de prendre ?

Ce préliminaire n'est un devoir que pour entreprendre une guerre offensive. Lorsqu'on est attaqué à l'improviste la raison veut qu'on se défende sur-le-champ ; il y aurait trop de danger dans le moindre retard. Cependant, s'il n'est pas alors indispensable de faire précéder les hostilités par une déclaration de guerre, du moins, tout en repoussant l'attaque, il convient de manifester l'injustice de l'ennemi ; c'est une précaution utile pour faire connaître à tous les peuples qu'on ne prend les armes que pour repousser une agression injuste. Voilà comment une nation maintient sa bonne réputation dans le monde civilisé.

Quand l'ennemi a publié le premier sa déclaration de guerre, c'est une raison de plus pour ne pas se dispenser d'en donner une pareille ; il devient nécessaire de lui répondre. Sur l'exposé des motifs des deux parties, ne peut-il pas arriver une conciliation par la médiation d'une autre puissance ? D'ailleurs, il importe au peuple attaqué de démontrer à toutes les nations qu'il a pour lui les principes de justice. Alors la guerre a commencé régulièrement, et les maux de ce fléau doivent être imputés ou au gouvernement qui a demandé une chose injuste, ou à celui qui a refusé une satisfaction légitimement due.

Supposons que l'ennemi ait un valable sujet de plainte, et que néanmoins il se soit donné le tort d'attaquer sans une déclaration préalable, sur qui retombera l'injustice de la guerre ? L'agresseur pèche par la forme, et le gouvernement attaqué est coupable au fond. Celui-ci n'en est pas moins autorisé, provisoirement, à repousser la violence par la violence, sauf à offrir en même-temps, la réparation du tort qu'il a causé : si elle est suffisante, et qu'elle n'ait pas arrêté les hostilités, l'ennemi devient seul responsable des événements. Mais si le peuple attaqué ignore le motif des justes plaintes de l'agresseur ; par exemple, si l'injure a été faite par un gouverneur de province, et que, pour s'en venger, on ait commencé l'attaque sans avoir fait connaître l'offense au souverain de ce gouverneur, la nation obligée de se défendre, sera exempte du reproche de n'avoir pas offert en même-temps la réparation d'un tort qui lui est inconnu. L'agresseur, faute d'avoir préalablement requis satisfaction, prend sur lui le blâme d'une pareille guerre, qu'il aurait peut-être évitée s'il l'eût fait précéder d'une déclaration.

Quoiqu'autorisée à repousser par la force des hostilités commencées sans avertissement,

la nation qui se défend, jalouse de maintenir
sa réputation, ne manquera pas de faire connaître publiquement combien elle a été injustement attaquée, sous prétexte d'un préjudice
qu'elle ignorait, et dont elle aurait consenti
l'indemnité si elle lui eût été demandée.

Quelques publicistes distinguent la déclaration de guerre, le manifeste et la publication
de la guerre; ils conviènent qu'aucun acte
hostile n'est légitime, s'il n'est pas précédé
d'une déclaration; peu leur importe qu'elle
soit publique ou secrète, pourvu qu'on prène
la marche usitée pour la faire parvenir à la
puissance qu'il s'agit de prévenir. Suivant ces
mêmes auteurs, quand la déclaration n'a produit aucun accommodement, les nations entre
lesquelles la paix est rompue, peuvent publier
leur manifeste, pour mettre les autres peuples
dans le cas de juger de quel côté est l'injustice.
Cette sorte de publicité, disent-ils, n'est point
d'obligation; elle n'est sollicitée que par le
besoin qu'ont les gouvernements de justifier
leur conduite dans l'opinion des autres nations.
Ainsi, ils pensent qu'il n'est pas nécessaire
que le manifeste paraisse avant que les hostilités commencent.

Dans cette opinion, la déclaration et le manifeste sont des actes différents. Ils appartiènent au droit des gens, et se font suivant les règles établies pour les relations extérieures. Quant à la publication, d'après ce système, c'est un acte destiné à l'intérieur de chaque pays ; elle sert seulement à prévenir la nation qu'elle est en guerre avec tel autre peuple, et qu'ainsi tous les rapports d'amitié ou d'alliance sont rompus avec lui.

J'ose me prononcer contre ce système. Il ne me paraît pas convenable de commencer une guerre après n'avoir fait qu'une déclaration secrète au gouvernement ennemi. Les gouvernements, entr'eux, peuvent négocier un accommodement, et se menacer de la guerre ; mais si celui qui a tort se refuse obstinément à l'indemnité qui lui est demandée, je soutiens qu'avant toute hostilité, il faut publier un manifeste, pour que le peuple qu'on veut attaquer soit averti de l'injustice de son gouvernement ; car celui-ci pourra céder à l'opinion publique, si elle n'est pas favorable à la guerre. Ce moyen d'éviter un pareil fléau ou de le faire cesser promptement, ne doit pas être négligé, puisqu'il est de principe que la guerre n'est autorisée que quand il est de toute impossibilité de s'en dispenser. Qui est-ce qui en souffre? ce sont les nations. N'est-il pas juste de les prévenir des malheurs où vont les jeter leurs gouvernements? Que l'on ne m'oppose pas l'usage ; il est abusif, et, par conséquent, il ne fait pas autorité. L'opinion que je combats a pu s'accréditer dans un temps où tout obéissait au pouvoir absolu, et parmi des écrivains qui prenaient le fait pour le droit. Aujourd'hui que les peuples sont éclairés sur leurs véritables intérêts, il n'est plus permis de méconnaître les éternels principes de la justice.

Si donc toute déclaration de guerre doit être rendue publique, il n'y a nulle distinction à faire entre la déclaration et le manifeste, à moins qu'on ne veuille appeler déclaration, la notification secrète qu'un gouvernement fait au gouvernement contre lequel il prend les armes. Alors le manifeste sera la justification publique des hostilités que l'on prépare ; justification qui, de la part de l'agresseur, doit toujours précéder le commencement de la guerre, parce qu'il n'est pas permis de mettre à un peuple les armes à la main contre un autre peuple , sans que tous les individus qui les composent l'un et l'autre, soient avertis que la paix va se rompre , et en connaissent les véritables motifs : ne les prévenir qu'après avoir commencé l'attaque , c'est violer le droit des nations, si intéressées à connaître les causes de la guerre où on les entraîne trop souvent sans motifs suffisants.

Après avoir expliqué ce que doivent être la déclaration et le manifeste, si l'on tient à les distinguer , je consens que l'on appèle *déclaration* la notification secrète qui est faite au gouvernement qu'on veut attaquer, et que le *manifeste* soit l'acte qui annonce aux peuples les motifs de la guerre que l'on va entreprendre , soit en attaquant, soit en défendant. Lorsque le manifeste n'indique pas l'époque où les relations de paix cesseront, il faudra la faire connaître postérieurement , et ce dernier acte sera appelé la *publication de guerre*. Il ne tient plus au droit des gens ; chaque gouvernement y a satisfait par sa déclaration ou son manifeste ; il n'a plus à suivre que les règles particulières de son droit public, pour indiquer à toute la nation de quelle manière elle devra participer à la guerre. Dans tous les cas, je tiens pour principe incontestable, que la guerre ne doit pas commencer sans que préalablement les motifs en aient été rendus publics par l'agresseur. Ils manquent évidemment aux principes du droit naturel des gens, ces gouvernements qui ont la criminelle méthode d'agir hostilement, avant que d'avoir déclaré publiquement leur intention de rompre la paix, et les motifs qui les déterminent à des sacrifices si douloureux pour les peuples et l'humanité.

§ III.

Des représailles.

On appèle ordinairement représailles, ce que l'on prend à une nation avec qui l'on n'est pas en guerre, soit pour réparation de l'offense qu'on en a reçue, soit pour s'indemniser du dommage qu'elle a occasionné. On entend aussi par représailles, en temps de guerre, le mal que l'on fait à l'ennemi, non par suite d'opérations militaires, mais uniquement pour se venger d'un mal pareil qu'il a causé. Nous parlerons de cette seconde sorte de représailles, après avoir expliqué ce qui concerne celles qui ont lieu quand on n'est pas en guerre.

Il est évident que les représailles ne sont point permises entre particuliers de nations différentes, puisque, pour obtenir réparation on peut invoquer l'autorité du pays où demeure la personne dont on se plaint. Il n'en est pas de même lorsque c'est une nation qui fait injure ou qui cause du tort, soit au corps entier d'une autre nation, soit à quelques-uns de ses membres. L'agresseur étant indépendant, il n'y a pas d'autorité supérieure à laquelle on puisse s'adresser pour avoir la réparation qui est due : il faut donc recourir à la force. Quelquefois, au lieu d'entreprendre une guerre, on se contente de causer à la nation coupable un mal pareil ou équivalent à celui qu'elle a commis injustement. Lorsque cette manière de se faire rendre justice peut suffire, elle est préférable, sans doute, à une guerre dont le suites sont toujours funestes, même au peuple qui serait victorieux.

Pour user de représailles, il n'est pas besoin de publier auparavant une déclaration, puisqu'il ne s'agit pas d'entreprendre une guerre ; mais il est nécessaire de demander préalablement satisfaction du tort éprouvé : si on est refusé, c'est alors seulement que les représailles sont permises. Elles ne sont d'ailleurs légitimes que quand les faits dont on se plaint sont vraiment des infractions au droit des gens, soit dans la partie de ce droit que la nature a établie, soit dans celle que l'usage ou des traités ont introduite. Par exemple, une incursion est faite par ordre d'un gouvernement sur les côtes d'une autre nation ; c'est blesser le droit naturel des gens. Notre ambassadeur a essuyé une injure de la part de la puissance étrangère où il avait été envoyé ; voilà une infraction à la partie du droit des gens consacrée par l'usage. Entre deux nations il a été convenu qu'une certaine ville resterait en la possession de l'une des puissances contractantes ; l'autre, par la suite s'est emparée à l'improviste de cette même ville : il y a violation du droit des gens établi par des traités.

Dans ces différents cas, on peut légitimement user de représailles dès que toute satisfaction a été refusée ; alors la nation lésée, pourra autoriser des incursions sur le territoire des agresseurs , pour y enlever l'équivalent de ce qu'ils ont emporté : on pourra faire à l'ambassadeur de la nation coupable , la même sorte d'injure qui a été faite à l'ambassadeur de la nation offensée : enfin, celle-ci pourra s'emparer, sur les agresseurs, d'une ou de plusieurs villes, de manière que le mal qu'on leur cause soit de la même importance que celui qu'ils ont occasionné. Il faut aussi, pour la légitimité des représailles, qu'elles se bornent à la réparation du préjudice éprouvé ; tout ce qu'on se permettrait au-delà cesserait d'avoir le caractère de représailles, et serait regardé avec raison comme une agression injuste. Le peuple qui doit souffrir les représailles qu'il a méritées, ne blesserait pas les principes du droit des gens, s'il déclarait la guerre à la nation qui ne garderait aucune mesure dans sa vengeance.

Il n'y a pas lieu à représailles lorsque, postérieurement aux faits dont une nation a droit de se plaindre, elle a conclu un traité avec ses agresseurs. Les indemnités auxquelles elle avait droit de prétendre, sont réputées comprises dans les conventions qui ont rétabli la bonne intelligence, quand même il n'en aurait pas été parlé expressément. Si, par suite, la nation qui avait commis la première offense tombait dans des torts nouveaux, ils ne pourraient pas servir de motif valable pour revenir sur les torts passés qu'on avait promis d'oublier. Par la même raison, le peuple contre qui on a usé de violence au-delà des bornes permises par le droit des gens, étant devenu vainqueur à son tour, ne doit pas, sous prétexte de représailles, se porter contre son ennemi à des excès semblables. Dans ce cas pourtant, comme il n'est point encore intervenu de traité par lequel on ait promis d'oublier le passé, le peuple qui finit par être vainqueur, a bien le droit d'exiger la réparation de tous les maux qu'il a soufferts injustement; mais c'est par des voies licites et non réprouvées de la raison et de l'humanité, qu'il lui est permis de s'indemniser. Les crimes commis par les armées d'une nation ne peuvent jamais justifier ceux dont on se rendrait coupable envers cette même nation, à titre de représailles. La réparation ne doit en être exigée, les armes à la main, que par des moyens que l'honneur peut avouer. Ainsi

empoisonner les puits, les fontaines ; massacrer des femmes, des enfants par représailles, c'est se rendre coupable des mêmes
crimes dont on poursuit la vengeance.

Des armées victorieuses ont causé de grands
maux chez les ennemis ; la guerre ayant enfin tourné avantageusement pour ceux-ci, il
il a été conclu un traité de paix où tous les
droits et toutes les indemnités ont été réglés
définitivement. Peu après la guerre se ral-
lume, et le même vainqueur dicte les conditions de la paix : on demande s'il peut,
à titre de représailles, exiger des compen-
sations, pour des pertes antérieures au précédent traité ? non, certainement : leur indemnité y avait été réglée. Le nouveau traité
ne doit donc comprendre que la restitution des
pertes qu'a occasionnées la dernière guerre,
ou qui en ont été la suite ; cette décision est
une conséquence du principe incontestable
que nous venons de rappeler plus haut, et
qui, sans doute, servira dans l'histoire à
porter un jugement convenable sur des événements récents.

Nous avons dit que les représailles n'étaient

pas permises entre particuliers de nations différentes ; cependant, lorsque les habitants d'une contrée commettent des dégradations sur un territoire voisin dépendant d'une autre puissance, n'est-il pas juste que les gens du pays qui a souffert le dommage, soient indemnisés par la même voie d'incursion ? Ce que l'équité exige, c'est qu'il y ait indemnité; mais, avant que de l'obtenir par violence, il faut qu'elle ait été demandée et refusée. De là vient que les habitants attaqués doivent s'adresser à leur gouvernement, qui se chargera de requérir justice près du gouvernement des agresseurs. Il n'est pas permis aux particuliers offensés de commettre de leur propre mouvement aucun acte d'hostilité ; autrement ils pourraient compromettre gravement l'intérêt de leur patrie. Si leur gouvernement ne peut obtenir réparation, il pourra autoriser les individus lésés à user des mêmes voies de violence. L'écrit qui contient cette autorisation se nomme *lettres de représailles.*

Ce n'est pas assez que les représailles exercées par des particuliers soient autorisées, elles doivent être dirigées par un esprit d'équité ; c'est-à-dire, qu'on ne doit employer la violence que pour obtenir l'équivalent de ce qu'on a perdu par l'effet de l'agression: tout ce qu'on se procurerait au-delà, serait exaction. Pour s'assurer que la vengeance n'excédera pas les bornes permises, le gouvernement exige ordinairement de ceux à qui il délivre des lettres de représailles, un cautionnement capable de répondre du tort qu'ils causeraient en prenant à l'ennemi plus qu'ils ne sont autorisés, ou en poussant les hostilités au-delà du temps fixé par l'autorisation qu'ils ont reçue.

Pendant la guerre, il y a des devoirs à remplir entre les nations belligérantes, comme on l'a expliqué dans les paragraphes précédents. L'une des parties, par la manière dont elle exerce les hostilités, manque-t-elle à ce que lui prescrit le droit des gens ? elle autorise son ennemi à user de représailles. Néanmoins il ne faut pas croire que ce moyen de tirer vengeance d'une injustice, puisse être légitime dans toutes les circonstances. L'humanité souvent ne permet pas de faire un mal semblable à celui dont on se plaint : doit-on punir des crimes par d'autres crimes ? Supposons que l'ennemi ait eu la cruauté d'empoisonner les puits , les citernes du pays qu'il est venu ravager; qu'il ait été assez barbare pour massacrer un envoyé chargé de lui porter des propositions ; on se rendrait aussi coupable si, par représailles, on se portait à des attentats semblables. Une vengeance , sans doute , est nécessaire ; mais plus elle est juste , moins elle doit être obtenue par des moyens aussi révoltants, et que nul motif ne peut justifier. En vain dirait-on que l'ennemi qui a commencé est le seul coupable des maux qu'il s'est attirés par les forfaits qu'il a commis le premier. S'il a outragé la nature, est-ce une raison pour l'offenser de même ? N'est-ce pas se priver du droit de l'accuser , et se rendre en quelque sorte son complice ? Pour sentir l'horreur des représailles que nous condamnons , il suffit de réfléchir qu'elles ne font que des victimes innocentes , qu'elles irritent les haines nationales , éloignent le retour de la paix , et diminuent d'autant les droits qu'on peut avoir aux indemnités , quand il s'agit de la conclure.

§ IV.

Des droits que donne la guerre.

Une guerre injuste, soit en attaquant, soit en défendant, loin d'attribuer aucune espèce de droit au gouvernement qui l'a entreprise, le rend coupable de tous les maux qu'elle cause. Au contraire, dans une guerre soutenue par des motifs raisonnables, c'est à l'ennemi que doivent être imputés tous les malheurs qui en sont la suite. Le premier droit qui en résulte est donc de la poursuivre jusqu'à ce que l'on ait obtenu réparation, non seulement du tort qui a donné lieu à la rupture de la paix, mais encore de tous ceux que les hostilités ont occasionnés, et parmi lesquels on doit compter les frais de cette même guerre. On peut aussi la continuer jusqu'à ce qu'on se soit procuré, outre les indemnités convenables, des sûretés capables de garantir l'exécution du traité qui doit la terminer.

Cependant le but de la guerre devant être de ramener la paix, il est de principe que, par les hostilités, il n'est permis de faire à l'ennemi que le mal qui est impérieusement commandé par l'intérêt pour lequel on combat : en conséquence, dès qu'on a obtenu tout ce qu'on pouvait désirer, soit par la force des armes, soit par concession volontaire, on est tenu de cesser la guerre ; autrement elle deviendrait injuste. Cependant si l'ennemi, mécontent des succès obtenus sur lui, refuse de terminer les hostilités, on est légitimement autorisé à les continuer. Alors on a le droit de prendre de plus, sur lui, de quoi payer les frais de cette prolongation de guerre, et de quoi réparer les nouveaux malheurs qu'elle entraîne. Ce n'est pas que, dans le cours des victoires, on doive s'arrêter précisément lorsqu'on a conquis l'équivalent de ce qu'on réclamait justement ; car la guerre consiste à priver l'ennemi de tout ce qu'on peut lui arracher, jusqu'à ce qu'il consente à la paix ; c'est pourquoi il faut la lui offrir dès qu'on a obtenu par les armes ce qu'on réclamait, et ne continuer les hostilités que dans le cas où il refuse de les cesser. Lorsqu'enfin il voudra traiter, il faudra lui rendre ce qui excède ce qu'on a droit de conserver pour les indemnités, pour les frais de la guerre, et pour la garantie de la paix.

Toutes les sortes d'hostilités que l'honneur et l'humanité ne désapprouvent pas, et qui peuvent procurer ces trois objets, sont permises ; car, dit un axiome de philosophie, qui veut la fin, veut les moyens. On peut donc user de force, et même de ces ruses qui servent à assurer le succès des entreprises militaires ; mais ce qui ne produirait que du mal à l'ennemi, sans contribuer à nous procurer la satisfaction qu'il nous doit, n'est nullement autorisé, parce qu'on ne doit se faire par la guerre, que le mal qui est absolument nécessaire pour obtenir la réparation du tort que l'on a injustement souffert.

La nature ayant rendu les nations indépendantes les unes des autres, c'est elle qui leur permet d'employer la force pour conserver leurs droits, puisqu'elle ne les a pas soumises à une autorité capable de maintenir entre elles la justice. Le sort des armes est pour la décision des différents qui divisent les nations, ce que les jugements des tribunaux sont pour les procès qui naissent entre les particuliers. S'ils voulaient obtenir l'objet de leurs demandes par d'autres voies, et exercer d'autres contraintes que celles portées par les condamnations prononcées , ils se rendraient coupables. Par la même raison, une nation peut combattre pour prendre ce qui lui est dû , et même pour soumettre à sa domination l'ennemi qui refuse de remplir ses engagemens , quand il n'y a pas d'autre moyen de s'assurer qu'il ne troublera plus la paix. Toutes les autres sortes d'hostilités qui ne tiènent pas aux opérations militaires sont défendues. Ainsi, par exemple, jeter la peste, passer au fil de l'épée des femmes , des enfants , et même des citoyens qui ne portent pas les armes , ce sont des crimes de lèse-nation. La nature nous permet d'employer toutes nos forces, toute notre adresse, pour contraindre l'ennemi à nous rendre justice ; voilà comme elle entend que les nations plaident leurs causes à son tribunal. Elle décide en faveur de la victoire et proscrit toute action qui n'est que barbare. Les procès doivent s'instruire suivant certaines formes ; la guerre doit se faire suivant certaines règles. Elles permettent de punir, mais non pas d'assassiner. Elles défendent donc d'user d'aucun de ces moyens odieux , qui ne tendent qu'à l'extermination d'une population entière, et contre lesquels il n'y a pas de défense.

Un corps de troupes en campagne est seul autorisé à porter la mort chez l'ennemi, mais il ne doit frapper que ceux qui lui résistent les armes à la main. Il doit donc épargner les cultivateurs, les ouvriers, les bourgeois paisiblement occupés à l'exercice de leurs professions. Il est également de son devoir de respecter les vieillards, les infirmes, les femmes et les enfants, tant qu'ils ne font point d'actes d'hostilités. Nous ne devons pas davantage détruire en pays ennemi les habitations dont l'existence ne nuit pas à nos succès, ou aux intérêts pour lesquels nous combattons. Que penserait-on d'un homme qui, ayant succombé dans un procès par la mauvaise foi évidente de son adversaire, voudrait s'en venger par l'assassinat ou l'incendie, ou l'empoisonnement ? son mécontentement serait, sans doute, bien fondé ; cependant il n'en serait pas moins indigne de rester plus longtemps membre d'une société dont il violerait essentiellement les institutions. Disons la même chose d'un peuple qui, non content de suivre contre son ennemi les opérations ordinaires de la guerre, pousserait la rage de la destruction, sans écouter ni raison, ni humanité. La société générale des nations serait intéressée à réunir ses efforts , ou pour le détruire entièrement, ou au moins pour lui interdire toute communication avec leur pays.

Quoiqu'on ne doive pas tuer les individus ennemis qui ne sont pas armés , néanmoins on peut user de violence pour les forcer à fournir les subsistances et autres objets dont on a besoin pour l'armée. Il est , par conséquent , permis de lever des contributions , pourvu qu'elles soient proportionnées aux moyens des habitants; exiger d'eux , par des punitions, ce qu'il leur est impossible de donner, c'est faire un mal absolument inutile , et que la raison réprouve autant que l'humanité.

On demande s'il est permis de tuer les ennemis qui se rendent prisonniers , de faire assassiner soit le chef , soit tous autres individus ennemis qu'on ne peut atteindre dans les combats ; de soulever les habitants d'un pays ennemi contre leur souverain ; de faire des actes d'hostilités contre l'ennemi, lorsqu'on se trouve avec lui dans un pays neutre ? Toutes ces questions et beaucoup d'autres semblables peuvent se résoudre pour la négative, d'après les principes généraux que nous avons posés. Au reste , elles sont discutées par les auteurs qui ont approfondi les matières de la politique et du droit des gens. On y trouve aussi des règles pour savoir à qui doivent appartenir les objets mobiliers et immobiliers que l'on prend sur l'ennemi. Il faut, pour décider , faire des distinctions et entrer dans des détails qui seraient d'autant plus curieux , qu'ils nous serviraient à porter un jugement sain sur certaines fortunes qui , trop souvent , ternissent la gloire de ceux qui les ont acquises. Nous ne pouvons pas nous livrer à cette discussion , parce qu'elle excéderait les bornes où doivent se tenir de simples éléments.

La conduite des nations neutres , c'est-à-dire , de celles qui ne prènent aucune part à une guerre élevée entre deux ou plusieurs autres nations, fait encore l'objet de diverses questions fort intéressantes , mais qui ne peuvent pas entrer dans notre plan. Nous nous bornerons à dire que les nations qui , dans leurs traités , ont prévu les cas de neutralité , doivent suivre exactement les conditions qu'elles ont souscrites.

A l'égard des nations neutres qui n'ont rien

réglé sur ce point avec les nations belligérantes, elles sont tenues de se conformer à l'équité naturelle : n'étant en guerre ni avec l'une ni avec l'autre, elles sont nécessairement en état de paix avec les peuples qui se battent ; elles peuvent donc continuer avec eux toutes leurs relations comme avant la guerre : il ne leur est pas permis d'y faire des modifications dans le dessein d'être utiles à un parti plus qu'à l'autre. Si les neutres, par exemple, fournissent des subsistances, des vêtements, des armes, à une des nations en guerre, ils ne peuvent pas refuser de pareils secours aux autres sans violer la neutralité. Leur devoir est de ne prendre aucune part directement ni indirectement dans la querelle : comme ils sont amis des nations qui se font la guerre, il doivent au contraire désirer la cessation des hostilités, et interposer leur médiation pour concilier les intérêts qui en sont l'objet. Réciproquement, les puissances belligérantes ne doivent pas se permettre le moindre acte de violence contre les peuples restés paisibles, ni les forcer à rompre la neutralité en exigeant ou le passage, ou des armes, ou tout autre avantage que des traités défendraient à ces peuples d'accorder à l'un ou à l'autre parti. Il serait également injuste que l'une des nations en guerre, voulût contraindre les peuples neutres à cesser les relations qu'ils ont avec son ennemi lorsqu'elles ne blessent pas les règles naturelles du droit des gens.

Quoique le sort des armes soit le seul moyen qu'ait laissé la nature pour vider les différents entre les nations, il ne faut pas croire que les succès obtenus par celle qui fait la guerre illicitement puissent la justifier ; ce n'est pas moins un vrai malheur pour le genre humain. L'histoire signale sans doute les victoires ; mais elle ne manque pas de dénoncer à la haine de la postérité les chefs qui ont entraîné les peuples dans des guerres injustes. Elle demande compte à ces grands coupables, du sang de tant de victimes innocentes, des malheurs de tant de familles éplorées qu'ils ont sacrifiées à leur ambition criminelle.

ARTICLE IV.

Des engagements entre les nations.

Les relations qui s'établissent entre les nations se règlent absolument sur les mêmes principes que doivent suivre les particuliers entr'eux. Par conséquent, ce que j'ai dit des engagements suivant le droit naturel, chap. II, art. IV, § IX, et que j'ai rappelé en parlant de l'essence du droit des gens, au chapitre précédent, art. Ier, § Ier, reçoit ici son application. Ainsi, entre deux ou plusieurs nations, il y a des engagements naturels, forcés et volontaires.

Ceux de la première classe résultent de certains faits indépendants du concours des volontés. Par exemple, la séparation de deux pays par un fleuve, par une chaîne de montagnes, fait naître nécessairement entre les deux peuples l'engagement que prescrit cette sorte de limites naturelles.

Dans la seconde classe, je comprends les engagements que forme la victoire, parce qu'elle contraint légitimement les vaincus de se soumettre aux conditions raisonnablement imposées par le vainqueur, s'il a entrepris la guerre pour des causes justes. Entre les particuliers, les engagements forcés sont la suite des jugements qui terminent leurs contestations ; mais les nations n'étant soumises à aucun tribunal humain, elles ont recours aux armes, lorsqu'elles sont réduites à employer la force pour vider leurs différents. Les engagements pris pour ramener la paix sont donc aussi obligatoires entre les nations, s'ils ne contiènent rien d'injuste, que ceux auxquels les particuliers sont contraints par des jugements.

Enfin, il y a entre les nations des engagements volontaires qui sont contractés, soit par des traités, soit par de simples conventions, soit par l'usage. Il serait inutile de répéter ici ce que j'ai dit en général sur la nature de ces sortes d'engagements, sur les conditions sans lesquelles ils ne sont pas valables, et sur leurs effets ; il suffit de ne pas oublier que les nations ont à remplir entr'elles les mêmes devoirs que ceux auxquels sont tenus les par-

ticuliers entr'eux. Je me bornerai donc à expliquer ce qui concerne plus spécialement
les traités et les conventions dans le droit des
gens.

Un premier paragraphe dira comment se
font les traités ; un second indiquera quels
traités on peut se dispenser d'exécuter ; et
dans un troisième, on verra comment des nations sont liées par de simples conventions.

§ Ier.

Comment se font les traités.

Nous avons vu que le droit des gens se
compose des devoirs que la nature impose
aux peuples dans leurs relations extérieures,
et des devoirs auxquels ils se soumettent les
uns envers les autres volontairement, soit expressément par des traités ou des conventions,
soit tacitement par l'usage. Les traités sont des
actes où sont consignés les engagements que
prènent entr'elles deux ou plusieurs nations.
Ils ne diffèrent des conventions dont il sera
parlé au § III, que par les objets qui sont
plus importants dans les traités, et par la

forme, qui y est plus solennelle. Ils constituent la partie écrite du droit positif des gens. A l'égard de la partie non écrite, elle se compose des engagements tacites que l'usage seul a fait contracter entre deux ou plusieurs nations.

On a principalement pour objet, dans les traités, de régler certains rapports de commerce ou de politique, et de rendre plus stable la bonne harmonie qui règne entre les nations contractantes. Les guerres sont aussi des occasions de faire des traités, parce qu'elles ne se terminent jamais sans que les conditions de paix soient signées réciproquement. Quelquefois pourtant les vaincus sont forcés de se réunir au peuple vainqueur pour vivre sous le même gouvernement. Alors le droit des gens cesse d'exister entre les deux nations, puisqu'elles n'en font plus qu'une seule.

Dans tous les traités, on peut rappeler des obligations imposées par la nature, ou les modifier ; mais jamais il n'est permis d'y stipuler des engagements contraires aux intentions de cette mère commune. Les traités engagent tous les individus qui composent les nations contractantes ; mais seulement lorsqu'ils ont été conclus, de la part de chaque nation, par l'autorité qui, suivant la forme de son gouvernement, a droit de lui faire contracter des obligations. Il ne suffit pas que des commissaires aient arrêté les conditions d'un traité; il n'est obligatoire qu'après avoir été ratifié par les autorités qui en ont le droit respectivement. Nous avons expliqué ce point au commencement de ce chapitre, art. Ier, § Ier, où l'on a vu que la ratification est la seule manière de s'assurer, de part et d'autre, que les commissaires n'ont pas excédé les pouvoirs qui leur ont été confiés, et que l'intention de chaque gouvernement est d'exécuter ce qui a été arrêté en son nom. Il suit de là qu'une nation peut refuser de satisfaire au traité préparé par ses plénipotentiaires, même dans le cas où l'autre puissance y a déjà adhéré; car alors l'engagement n'est pas encore contracté, puisqu'il lui manque le consentement d'une des parties. Par la même raison, la nation qui a donné sa ratification est libre de la retirer, tant que l'autre n'a pas encore fourni la sienne. C'est par l'échange des ratifications que l'engagement devient irrévocable.

D'après ces principes incontestables, les

conditions arrêtées entre les plénipotentiaires des deux puissances ne sont considérées que comme un projet de traité. Ils déterminent un délai pendant lequel doivent se faire les ratifications. Si ce délai expire sans qu'aucune des deux nations ait manifesté son adhésion, c'est que le travail des plénipotentiaires ne satisfait ni l'une ni l'autre. N'y a-t-il qu'une seule nation qui, pendant le délai, n'ait pas donné sa ratification? C'est qu'elle seule n'est pas contente du traité. Dans l'un et l'autre cas, il est regardé comme non avenu. Il en serait de même si une ratification donnée venait à être rétractée avant que l'autre ait été effectuée, même quand le délai ne serait pas expiré; on ne pourrait en conclure autre chose, si ce n'est que le gouvernement qui avait ratifié, ayant mieux réfléchi, a retiré son approbation lorsqu'il en était encore temps.

Les plénipotentiaires ordinairement ne signent un traité que quand ils ont pu s'accorder sur les prétentions respectives de leurs nations, et qu'il n'a été exigé d'eux rien qu'ils ne fussent autorisés spécialement à céder. Par conséquent, les ratifications des traités ainsi préparés, ne souffrent presque jamais de difficultés ; chaque puissance , par l'organe de son ministre, échange la ratification qui lui est remise par le ministre de l'autre puissance. Cet échange des ratifications étant précisément l'époque où le traité devient obligatoire, il n'est plus permis ensuite à l'une des parties contractantes , de se refuser à l'exécution des articles convenus , sans se rendre coupable de violer son engagement.

Une nation a opéré des changements dans son gouvernement ; par exemple , de l'état de république , elle est passée à celui de monarchie : ou demande si les traités conclus par le gouvernement détruit, obligent le gouvernement qui le remplace ? L'affirmative ne peut pas présenter le moindre doute. Par les traités , c'est la nation elle-même qui est engagée ; son gouvernement n'est que son mandataire qui peut changer, sans que la nation soit dégagée de ce qu'elle avait promis par l'organe de son précédent fondé de pouvoirs. Les variations qu'éprouvent ses affaires dans l'intérieur , ne doivent porter aucune atteinte à ses relations extérieures. Les changements dans la forme de gouvernement d'une nation, ne peuvent pas plus l'affranchir de ses obligations envers les autres nations, que les changements qui arrivent dans les personnes chargées de la gouverner. On sait, par exemple, qu'à la mort d'un monarque, celui qui lui succède est tenu de remplir tous les engagements pris par son prédécesseur. Il faut donc décider aussi que le gouvernement de forme nouvelle est obligé d'exécuter tout ce qui a été promis par le gouvernement auquel il succède : dans ces différents cas, la nation a été valablement engagée par ceux qui exerçaient le droit de contracter pour elle.

§ II.

Quels traités est-on dispensé d'exécuter?

On a eu occasion de dire, dans l'article premier, qu'une nation ne serait pas valablement engagée à exécuter un traité qu'elle aurait consenti par violence ou par fraude. On a vu aussi que la violence dont il s'agit ici, n'est pas celle de la victoire remportée par la nation qui a eu des motifs raisonnables de prendre les armes ; car, si une guerre est juste, les concessions que le vaincu est forcé de consentir sont légitimes, pourvu qu'on n'ait exigé de lui rien de trop ; c'est-à-dire, rien qui excède la réparation du préjudice qu'il a causé par la guerre injustement entreprise , et les gages nécessaires pour sûreté de la paix ; ce que le vainqueur prend au-delà, n'est pas légitimement accordé par le vaincu , qui pourra le réclamer lorsqu'il en aura la force. Mais si la guerre était injuste de la part du vainqueur, il est clair que tout ce qu'il exige de la nation offensée, est un vol ajouté à son premier tort. Par conséquent, le consentement qu'il lui arrache par les armes, pour obtenir des concessions qu'elle ne doit pas, est l'effet d'une violence illégitime. Cette nation ne sera donc pas engagée dans le for intérieur ; elle aura le droit de se refuser à l'exécution du traité , dès qu'elle se sentira la force de reprendre ce qu'on a exigé d'elle injustement.

Les traités font partie du droit positif dans le droit des gens ; or, le droit positif ne peut que modifier ou ajouter au droit naturel, sans jamais rien établir de contraire à cette base fondamentale de toutes les espèces de droit. Par conséquent, si le vainqueur abusait de sa force pour exiger dans un traité quelque chose qui blessât le droit naturel , il y aurait nullité. Par exemple , s'il était stipulé que la mer, qui appartient, par droit de nature , à toutes les nations , sera interdite indéfiniment aux vaincus ; ces derniers ne seraient pas tenus d'exécuter une clause aussi évidemment injuste. Il en serait de même si le vaincu avait souscrit à devenir l'esclave du vainqueur : on n'est point engagé par des promesses si manifestement opposées au droit naturel. Dès qu'on a recouvré force suffisante , il est permis de se refuser à l'exécution de tout ce qui a été illicitement convenu.

C'est ainsi que les traités trop onéreux sont la source des guerres nouvelles, qui sont d'autant plus opiniâtres et plus fâcheuses, que l'une des parties a été plus fortement humiliée. Il importe donc beaucoup au bonheur des peuples, que les gouvernements se renferment dans les bornes de la justice , tant pour entreprendre des guerres , que pour conclure des traités. On manque autant à la prudence qu'à son devoir, quand on abuse de la victoire pour se procurer des avantages trop contraires aux intérêts de la nation avec laquelle on traite. Elle est actuellement la plus faible ; mais , par la suite , elle deviendra d'autant plus redoutable , qu'elle aura de plus grandes injustices à venger.

Les traités faits pour un temps limité, comme ceux qui règlent des points de commerce entre deux nations, cessent d'être obligatoires quand le terme convenu est expiré. Cependant il peut arriver qu'après le terme fixé, les deux nations, sans nouvel engagement, continuent d'exécuter le traité; alors il tire sa force du consentement tacite donné réciproquement. Cependant celle des nations à qui il ne convient plus de continuer des relations ainsi rétablies tacitement, a le droit, sans doute, de les faire cesser à sa volonté; mais c'est après en avoir averti l'autre nation assez de temps d'avance, pour que celle-ci ne puisse pas être dupe de sa confiance.

Un traité conclu pour la plus grande prospérité de deux nations, contient souvent plusieurs engagements : si l'une des parties manque à l'un d'eux, l'autre partie est-elle déliée pour le tout ? Il n'est pas douteux qu'elle est dispensée d'exécuter ce qui a rapport à la promesse violée par la nation infidèle. La difficulté consiste donc à savoir si la nation, offensée par ce manque de foi, se trouve libérée des engagements auxquels il n'a été fait aucune infraction.

En ne consultant que la simple équité, il faut distinguer si les conditions fidèlement observées n'ont été consenties par le même traité, qu'en considération de celles qu'on refuse d'exécuter, ou si elles en sont totalement indépendantes. Au premier cas, l'infraction à l'une des clauses du traité, autorise très-certainement la nation offensée à refuser l'exécution de toutes les autres ; au second cas, si l'article contesté n'a pas été consenti en considération des autres clauses, on ne peut pas se refuser à exécuter celles-ci, qui lui sont étrangères. Cette décision, qui doit toujours servir de règle entre particuliers, n'est pas souvent respectée entre les nations, qui ne sont soumises à aucune autre autorité que celle des armes. Il est bien difficile que deux peuples qui ont recours à la guerre, pour violation d'un article de traité, soient assez justes pour garder ceux de leurs engagements qui n'ont aucun rapport au sujet de la querelle. Ordinairement ils se croient libérés de tous les liens, et ils ne veulent plus observer entr'eux que ce qui leur est prescrit par le droit naturel des gens, pour l'état de guerre. C'est quelquefois un moyen de forcer les ennemis à cesser les hostilités ; et dès-lors il est permis de l'employer, puisque le seul but légitime de la guerre est d'arriver à une prompte paix. Au surplus, je n'approuve alors la rupture de tous les traités que de la part du peuple offensé ; car l'agresseur qui fait une guerre injuste, ajoute à sa faute celle de manquer, sans motif légitime, aux engagements qu'il a contractés.

Est-on tenu de remplir les engagements que l'on prend avec l'ennemi concernant le mode à suivre dans certains actes d'hostilités ? Les uns disent que la guerre donnant le droit de faire à l'ennemi tout le mal que l'on peut, il est rigoureusement permis de manquer à la promesse qui lui a été faite, et de tromper sa confiance, lorsqu'on le peut, avec avantage. Ils ne voient ce manque de foi que comme un moyen de guerroyer, auquel doit s'attendre l'ennemi, qui est suffisamment averti de ne pas compter sur de pareils engagements. Ces sortes de traités, dit-on, décèlent seulement de la faiblesse de part et d'autre ; en sorte que celui des deux peuples qui, le premier, ré-prend assez de force pour manquer impu-nément à la convention, y est autorisé. Cette faculté, ajoute t-on, est nécessairement dans l'intention des parties, puisque ne traitant que sur la manière de faire la guerre, chacune doit prévoir que, nonobstant les conventions, l'autre profitera de tous les moyens de vaincre qui se présenteront.

D'autres, avec plus de raison, croyent que tout engagement contracté devient obligatoire, même entre les peuples qui se combattent. En effet, la guerre légitime n'est qu'un moyen d'obtenir justice de ceux qui ne dépendent d'aucune autorité à qui on puisse les dénoncer. Deux nations armées l'une contre l'autre sont donc dans la même position entr'elles, que deux particuliers qui plaident ensemble. Si ces derniers conviènent d'un moyen de terminer leur contestation, par exemple, de renoncer aux procédures commencées pour s'en rap-porter à des arbitres ; leur engagement à ce sujet est irrévocable, il n'est pas permis à l'une des parties de s'y soustraire sous prétexte qu'elle n'a contracté qu'avec son adversaire.

Lors donc que deux peuples en guerre conviènent de la faire d'une certaine manière, comme quand ils s'interdisent quelque genre d'hostilités, ils sont tenus de remplir leurs engagements. L'état de guerre où ils sont, est contraire à la nature qui ne le permet que pour arriver à la paix. Tout ce qui tend à modérer cet état de violence étant donc dans le vœu de la nature, peut devenir le sujet d'un traité ; on cesse d'être ennemi sur le point qui est réglé.

Supprimez l'obligation d'exécuter les traités faits sur des circonstances de la guerre ; quelle affreuse conséquence n'en résultera-t-il pas ? Privées de tous moyens de se fier pour la moindre chose l'une à l'autre, des nations ennemies se feront une guerre implacable. Le seul moyen de la finir sera de pousser les hostilités jusqu'à extermination. Serait-il rien de plus contraire aux volontés de la nature, elle qui a tout ordonné pour la conservation du genre humain, et qui ne tolère la guerre que comme la seule voie possible de consolider la paix troublée ? Au contraire, admettez la nécessité d'être fidèle aux engagements pris avec l'ennemi sur la manière de faire la guerre, vous aurez des trêves, des armistices, des échanges de prisonniers, en un mot, toutes les sortes de conventions qui adoucissent les maux de ce fléau terrible, et qui préparent le rétablissement de la paix. Au reste, l'obligation naturelle de tenir les promesses faites à l'ennemi, est si évidente, qu'elle est généralement reconnue entre les nations civilisées. Plus il leur semble facile d'y manquer, plus elles mettent leur honneur à remplir religieusement toutes les conditions qu'elles s'imposent réciproquement dans la manière de diriger les hostilités.

L'autorité qui, au nom d'une nation, est chargée de conclure des traités avec les autres nations, a-t-elle le droit de consentir que son pays, ou seulement une portion de ce pays, passe sous la domination d'une puissance étrangère? Si l'on consulte l'histoire, on ne trouve que trop souvent de ces concessions faites sous différents prétextes. Mais elles ne sont légitimes qu'aux yeux de ceux qui sont intéressés à regarder les peuples comme la propriété des chefs qui les gouvernent. Ce n'est plus au dix-neuvième siècle qu'il faut professer de pareils principes; la raison humaine est trop éclairée pour qu'on puisse les faire adopter par les nations européennes, et même par celles qui, dans les autres parties du monde, ont reçu l'instruction de l'Europe. On y sait que les hommes tenant de la nature elle-même la liberté, ils ne peuvent jamais devenir le patrimoine d'aucun de leurs semblables. Si, pour jouir le plus avantageusement de ce précieux bien, ils sentent tous le besoin d'en sacrifier une partie en formant des sociétés dans chaque contrée; ce n'est pas pour vendre à qui que ce soit ce qu'ils ont voulu conserver de leurs droits, c'est au contraire pour en user avec plus de sécurité. Liés par un pacte qui n'a pour objet que de créer une autorité à laquelle ils consentent volontairement de se soumettre, ils forment une corporation essentiellement indépendante. Elle a donc la faculté de règler, selon la volonté générale, les attributions de la puissance qu'elle a instituée pour sa propre sûreté. Ainsi, ceux à qui est confiée la souveraineté, ne peuvent l'exercer que pour veiller à la conservation du corps social, et non pas pour le démembrer. Il serait contraire aux vrais principes d'attribuer aux souverains la faculté de céder des portions de leurs états; de pareils traités sortent des pouvoirs qui leur sont attribués. Lors donc que les circonstances exigent la cession, ne fût-ce que d'une faible portion du territoire, il faut consulter la volonté générale. Cette condition est nécessaire, même quand les souverains sont autorisés à faire seuls les traités relatifs aux relations extérieures; car ce droit ne peut jamais aller jusqu'à rompre le pacte social qui, de toutes les parties d'une nation, en fait un corps indivisible. Si la volonté générale s'oppose à ce que le pays dont la cession est proposée, soit séparé du territoire national, tous les traités qui promettraient le démembrement seraient essentiellement nuls. La nation entière aurait le droit de réclamer contre cette séparation, et même le pays dont on aurait ainsi trafiqué, pourrait valablement refuser toute soumission à la puissance étrangère. François Ier avait promis, après la bataille de Pavie, de céder la Bourgogne à Charles-Quint. Les états de cette province ont refusé de se séparer de la France; et le traité de Madrid n'a pu recevoir son exécution sur ce point important.

Supposons que la réunion d'une province soit refusée par la volonté générale, et que pourtant elle soit consentie par la majorité des habitants de cette même province ; le traité qui prononcerait la réunion serait-il valable ? Oui sans doute. De même qu'un particulier est libre de renoncer au pacte social qui ne lui convient plus, pareillement la communauté des habitants d'une contrée dont les intérêts, dans certaines circonstances, ne sont plus les mêmes que ceux du reste de la nation, est libre de consentir à n'en plus faire partie. Il est reconnu par la raison même, qu'aucune société ne peut être contractée pour toujours ; autrement ce serait enchaîner la liberté naturelle qui laisse continuellement à l'homme la faculté de chercher son bonheur où il croit le trouver. Par conséquent il peut rompre les liens où sa personne est engagée, lorsqu'il ne trouve plus les avantages qu'il s'y était promis. Une contrée pourrait donc consentir à sa séparation, quel que fût le vœu général. Observez pourtant qu'on ne pourrait pas abandonner une société dans un temps où cette séparation lui serait préjudiciable, à moins qu'on ne l'indemnisât du tort qu'on lui causerait. Si donc le gouvernement avait fait dans une province des dépenses dont la nation devait retirer des avantages proportionnés ; les habitants de cette province n'auraient pas le droit de passer sous une autre domination, sans que le peuple dont elle se séparerait, n'en fût indemnisé convenablement. Malheureusement il n'y a pas de tribunaux où l'on puisse invoquer ces véritables principes, et la force ne décide que trop souvent du démembrement des états faibles.

Au reste, la cession d'un pays, quoiqu'irréguliérement consentie au profit d'une puissance étrangère, devient irrévocable quand elle a été exécutée pendant long-temps sans réclamations. Un pareil traité, quand il est fort ancien, a reçu le consentement tacite des habitants dont le pays a été cédé; il est devenu pour eux obligatoire comme s'ils lui avaient donné leur consentement dans l'origine. Cette vérité est tirée du droit naturel où l'on trouve comme principe, que les engagements nuls dans leur forme, sont légitimés par le laps de temps, s'ils ont été constamment exécutés sans réclamations. Est-il en effet un consentement plus formel que celui qui résulte d'une exécution volontaire? Telle est la base sur laquelle reposent les prescriptions; elles sont des moyens très-nécessaires de maintenir la tranquillité publique et celle des particuliers.

Le droit positif règle la manière dont il est convenable d'user des prescriptions ; mais elles n'en tirent pas moins leur force de la nature elle-même. Elles sont donc applicables au droit des gens, sauf qu'il ne s'y trouve rien de déterminé sur le temps qui est nécessaire pour acquérir la prescription. Ainsi, pour décider en pareil cas, il faut suivre ce que la raison et l'équité naturelle enseignent d'après les circonstances.

§ III.

Des conventions avec l'étranger.

On a vu que les traités sont les engagements que prènent entr'eux les gouvernements de deux ou plusieurs nations, et qui sont préparés par des plénipotentiaires. On entend par *convention* ce qui n'est réglé qu'entre des autorités moins élevées dans chaque nation, et même entre l'une de ces autorités et des particuliers d'une autre nation. Par exemple, ce qui est consenti par les généraux de deux armées ennemies, ou entre les gouverneurs de deux provinces limitrophes et de nations différentes sont de simples conventions.

De même ce n'est qu'une convention qui in-
tervient entre un général pour l'utilité de son
armée, et les habitants d'une contrée étrangère.

Nous excéderions les bornes que doivent
avoir de simples éléments, si nous entrions
dans tous les détails propres à faire connaître
les différentes sortes de conventions, et la manière dont il faut les interpréter. Nous nous
bornerons à remarquer ici que les traités ont
pour objets des intérêts d'une longue durée,
tandis que les conventions ne comprènent que
des articles à exécuter promptement et en peu
de temps. Voilà pourquoi les uns ne sont
obligatoires qu'après les ratifications, et les
autres le devièdent dès qu'elles ont été arrêtées
par les contractants ; si pourtant ils se renferment dans les pouvoirs qui leur ont été confiés.
Si donc le magistrat qui préside à une province, règle avec les habitants d'une ville
etrangère, les moyens de remédier en commun aux désordres d'un fleuve débordé, c'est
une convention ; il faut l'exécuter sur-le-champ,
et elle n'a pas besoin de l'adhésion des deux
gouvernements. Pareillement, c'est par une
convention qu'est accordée une suspension

d'armes pour enterrer les morts après une bataille. Elle devient obligatoire dès qu'elle est approuvée par les chefs des armées ou des corps militaires qui viènent de combattre. Il en est de même de la capitulation d'une place forcée de se rendre, et à qui on ne permet pas de communiquer au-dehors : cette convention est obligatoire aussitôt qu'elle est signée par le chef des assiégés et celui des assiégeants. Ceux qui traitent dans pareils cas, sont suffisamment autorisés par la nature de leurs fonctions.

De là on couclura que les conventions ne doivent contenir que des articles dont l'exécution dépend uniquement des personnes qui les arrètent; ce qui serait convenu hors de leurs attributions, ne pourrait formei d'engagement légitime qu'après la ratification. Supposons, par exemple, que, lors de la capitulation d'une place, les assiégeants stipulent que le corps d'armée destiné à secourir la garnison, s'éloignera jusqu'à trois journées de chemin; une pareille clause, quoique consentie par le commandant qui se rend, ne peut pas obliger le chef du corps d'armée dont il attendait du secours. Il est de l'essence des engagements, qu'ils ne soient pris que par ceux qui ont la faculté de les remplir, ou par leurs fondés de pouvoirs. Dans le cas dont on parle, le commandant des assiégés n'a d'autorité que pour ce qui concerne la défense de la place qui lui est confiée, et nullement pour un corps d'armée qui n'est pas sous ses ordres. La clause ne serait donc obligatoire que dans le cas où le chef du corps militaire l'aurait approuvée. Il en serait de même si le général d'une armée, en concluant une convention sur une circonstance comprise dans ses attributions, promettait que l'état payerait à l'ennemi une certaine somme : cette condition ne pourrait devenir obligatoire qu'après la ratification du gouvernement. On en sent la raison ; le général a bien des pouvoirs pour régler les mouvements de ses troupes, mais nullement pour disposer du trésor public.

Que doit-on décider des conventions que les particuliers sont quelquefois dans le cas de faire avec l'ennemi ? Si, par exemple, un prisonnier de guerre obtient sa liberté à condition que, rentré dans sa patrie, il payera telle somme pour sa rançon ; ou bien à condition qu'il ne portera pas les armes contre la nation dont il était prisonnier ; est-il obligé de tenir sa promesse ? Ne peut-il pas dire que le consentement qu'il a donné est nul, comme étant la suite de la violence par laquelle il a été fait prisonnier, ou comme lui ayant été arraché par la nécessité de sortir de captivité ? N'est-il pas vrai qu'un engagement forcé est sans effet ? Toutes les fois qu'on est forcé de faire des conventions pour des causes valables, elles doivent s'exécuter. Il est très - raisonnable d'exiger d'un prisonnier de guerre une rançon, ou la promesse de ne plus servir contre la nation qui le détient. La cause de son engagement est légitime, puisqu'ayant été pris les armes à la main, on a eu le droit de le priver de sa liberté, qu'il est le maître de ne pas recouvrer ; sa promesse n'est donc pas forcée. Peu importe que la guerre des ennemis soit injuste ; sa qualité de prisonnier justifie toute convention faite pour son intérêt personnel. Au gouvernement seul appartient le droit de juger si l'ennemi fait une guerre illégitime, et d'aviser aux moyens d'en tirer vengeance.

Observez que les particuliers ne peuvent promettre à l'ennemi que ce qui dépend d'eux. En vain s'engageraient-ils à donner des choses qui appartiènent à l'état. Le bon sens fait assez connaître qu'on ne peut disposer que des choses dont on est propriétaire; et l'ennemi n'aurait pas le droit d'exiger l'exécution d'une pareille promesse, dont il a dû connaître le peu de valeur.

De cette décision, ne doit-on pas conclure qu'un militaire qui n'a pas encore achevé le temps de son engagement, ne peut pas, sans y être autorisé, promettre de ne plus porter les armes contre la nation dont il est prisonnier de guerre ? Par l'engagement qu'il a contracté avec sa patrie, il lui a conféré le droit de disposer de sa personne pendant un certain nombre d'années : il ne dépend donc pas de lui de ne plus porter les armes contre telle on telle nation, et la promesse qu'il en ferait ne serait-elle pas radicalement nulle?

Assurément un militaire en liberté ne peut valablement rien promettre de ce qui le détournerait du service auquel il s'est engagé; mais quand il est fait prisonnier, son engagement envers sa patrie est suspendu, tant que par un traité, elle ne le replace pas sous les drapeaux. Si donc, en attendant la paix, les ennemis veulent bien renvoyer ce militaire, ils peuvent lui imposer les conditions qui leur conviènent ; et il lui est permis de les accepter, si elles dépendent de lui. Cette convention ne porte aucun préjudice à la patrie qui ne profiterait pas de ses services, s'il restait prisonnier, et pour qui, voir un de ses enfants rendu à la liberté, est une vraie satisfaction. L'état même peut tirer parti de lui d'une autre manière : n'a-t-on pas besoin de troupes, soit pour la police intérieure, soit pour tout autre emploi que celui de combattre la puissance qui lui impose la condition de ne pas porter les armes contr'elle ?

Quand les particuliers manquent d'exécuter l'engagement qu'ils ont pris valablement avec l'ennemi, l'autorité qui règne dans leur pays peut-elle les contraindre à exécuter ce qu'ils ont promis ? Oui, certainement ; mais c'est seulement dans le cas où la demande en est formée par ceux avec qui le prisonnier rentré a contracté. Sans cela, l'état ne peut pas s'immiscer dans un engagement où il n'a pas été partie. Un tribunal n'a pas le droit de statuer sur une contestation qui ne lui a pas été déférée. Pour que la violation d'une convention,

faite entre un prisonnier de guerre et l'ennemi, soit soumise au gouvernement, il faut
donc que son autorité soit invoquée. Alors il
examine l'engagement; et s'il est trouvé valable, il doit en ordonner l'exécution. D'abord
il obéit à l'équité naturelle dont il est important pour tous les gouvernements de maintenir le respect parmi les particuliers. En second lieu, la nation dont fait partie l'individu
réfractaire, est intéressée à rendre justice en
pareille occasion, même à l'ennemi : c'est un
moyen sûr d'obtenir sa confiance, et d'éviter
les excès auxquels il se porterait, s'il pensait
qu'on ne veut tenir avec lui aucune convention.

ARTICLE V.

De la politique.

La politique est une science qui apprend à
gouverner les états. Elle comprend ce qui concerne, soit les rapports qu'ont entr'elles les
différentes nations, soit la forme de leurs gouvernements. Pour bien connaître la politique,
il faut donc être instruit dans le droit desgens,

et dans la partie du droit de cité, qui forme le droit public, dont on parlera par la suite. On ne s'occupe, en ce moment, que de la politique relative au droit des gens. On appèle aussi politique celui qui s'applique à ces différentes connaissances; ainsi quand on cite quelqu'un comme un habile politique, c'est dire qu'il est habile dans la science politique.

Parmi les rapports qui lient les nations, les uns sont nécessaires, et sont formés par la situation du territoire, par les objets qu'il produit, par le genre de commerce qui s'y fait, par sa population et la puissance de ceux qui l'habitent. D'autres rapports sont volontaires et naissent des traités ou des usages reçus. Ces différentes relations produisent plus ou moins d'affinités ou de discordances entre les nations, selon qu'elles ont plus ou moins besoin les unes des autres, qu'elles sont plus ou moins en rivalité, plus ou moins en état d'attaquer ou de résister. Les événements naturels, tels que les inondations, les tremblements de terre, la famine, les épidémies, ainsi que les événements causés par les hommes, tels que les guerres, les dissensions intestines, les changements de gouvernement, modifient les rapports des na-

tions. Ils rapprochent celles qui étaient en opposition, et divisent celles qui avaient vécu
constamment unies. Il en est des peuples comme
des individus pris séparément ; c'est l'intérêt
qui dirige leur conduite les uns envers les
autres. Quelquefois pourtant, d'homme à
homme il y a des affections qui triomphent de
l'intérêt. Cet effort honorable pour les personnes qui en sont capables, ne l'attendez pas
de nation à nation : elles ne se lient que pour
leur prospérité respective : des corporations
ne peuvent pas avoir entr'elles des épanchements de cœur. La douce amitié est un bienfait que la nature a réservé pour les individus
privilégiés qui ont le bonheur de rencontrer
leurs pareils, c'est-à-dire, d'autres individus
doués des mêmes qualités ou plutôt des mêmes
vertus : car ce sentiment sublime qui unit deux
âmes ne peut exister dans toute sa pureté, si
elles ne sont pas vertueuses.

Pour acquérir des lumières en politique,
non-seulement il faut connaître les principes
du droit des gens et du droit public ; mais encore il est nécessaire d'être versé dans la géo-
graphie, dans l'histoire et dans la statistique,
c'est là que sont consignés les faits qui éta-

blissent les vrais intérêts de chaque pays. Voilà ce qui constitue la science de la politique. Elle devient un art quand il s'agit de la mettre en pratique pour conduire les affaires d'une nation, selon les rapports qu'elle entretient avec les étrangers. Il ne suffit pas alors d'être instruit de toutes les parties de la science ; on ne réussirait pas si l'on ignorait les formes à suivre avec les diverses puissances, les mœurs, le caractère des principaux agents ; si l'on ne pénétrait les intentions secrètes qui les dirigent ; si par les circonstances actuelles on ne prévoyait pas les événements futurs. On sent que le succès dépend beaucoup de l'habileté des négociateurs. L'art qu'ils doivent employer est sans doute fondé sur la science ; il est pourtant quelque chose de différent : on le désigne sous le nom de *diplomatie*. Il serait donc possible d'être savant politique et mauvais diplomate ; au contraire, on ne peut pas être un bon diplomate si l'on n'est pas profond politique ; en un mot, il faut tout à la fois connaître le fond et la forme.

Ceux qui croient que la politique consiste à dissimuler et à tromper adroitement dans les négociations avec l'étranger, n'ont aucune idée de cette science qui a ses bases sur des faits positifs, et dont le seul but légitime est de faire jouir chaque nation des avantages qui lui appartiènent, soit en vertu du droit naturel, soit en exécution des conventions arrêtées expressément par écrit, ou consacrées tacitèment par l'usage. Ainsi établir les droits de chaque peuple, les maintenir selon les règles prescrites par l'équité, user de persuasion et quelquefois de menaces pour obtenir justice; ne recourir jamais au mensonge, et n'employer une certaine adresse que pour déjouer les manœuvres sourdes de ceux qui voudraient faire des dupes; tels sont les seuls moyens dont la diplomatie doit se servir pour mettre à profit la science de la politique.

L'agent diplomatique observe en secret le gouvernement près duquel il est accrédité. Il laisse apercevoir sa surveillance autant qu'il est nécessaire pour avertir les ministres étrangers qu'il pénétrerait leurs desseins s'ils en avaient de contraires aux droits de son pays. Dès qu'il y a lieu à s'expliquer, soit pour requérir, soit pour répondre, il entre ostensiblement en rapport, et suit dans ses notifications les instructions qu'il a reçues de l'autorité dont il tient son mandat : tout ce qu'il ferait de contraire aux autorisations formelles qui lui sont données serait nul. Si celles dont il est porteur sont insuffisantes pour les objets non prévus qui se présentent, il doit avertir franchement qu'il va prendre les ordres de sa nation ; en attendant il prépare la discussion, sans cesser sa surveillance. Lorsqu'il a reçu les pouvoirs nécessaires il entre en négociation, et il finit par traiter sur les bases qui lui ont été posées. On voit que les fonctions d'un agent politique exigent une grande connaissance des intérêts de son pays et de celui où il réside. Le pur amour de sa patrie, sans haine pour la nation étrangère, doit soutenir son zèle et diriger uniquement ses opérations. La prudence est aussi une de ses principales qualités, parce que s'il surveille, il est également surveillé. Ses instructions étant secrètes, il ne doit en faire apercevoir que ce qu'il juge utile de laisser pénétrer. C'est là cette certaine adresse qui lui est permise et non pas celle qui n'est au résultat que le masque de la mauvaise foi.

Toute nation qui n'a aucun dessein de s'agrandir au détriment des autres, et qui ne réclame jamais que ce qui lui est dû légitimement, n'a pas de plus sûr garant de réussir dans ses négociations extérieures que de les conduire avec franchise, et pourtant sans indiscrétion. Par la bonne foi, accompagnée de la ferme résolution de soutenir des droits justement acquis, on parvient au but désiré bien mieux que par des détours et par des finesses que l'on regarde trop communément comme le talent essentiel des diplomates. Pourquoi Henri IV, après avoir mis la France sur un pied respectable, a-t-il été choisi comme arbitre dans des discussions qui s'étaient élevées entre des puissances voisines? C'est qu'il avait gagné leur confiance par une politique franche et loyale: il n'employait aucun déguisement pour annoncer ses intentions; il ne demandait rien qui ne fût raisonnable, et tenait fidèlement les engagements qu'il avait pris. Si tous les hommes étaient maîtres de leurs passions, s'ils les faisaient toujours céder à l'équité, il n'y aurait pas besoin d'un grand nombre de lois; celles de la nature, interprétées par la raison, suffiraient pour maintenir les nations en paix, et procurer à chacune le plus haut degré de prospérité qu'elle peut atteindre, selon sa position géographique, sa population, sa civilisation et son industrie. Mais une des imperfections de l'humanité est que, chez le plus grand nombre des individus, l'intérêt personnel étouffe tout sentiment de justice. Faut-il s'étonner si ceux qui gouvernent sont si souvent peu raisonnables dans leurs relations politiques ? Chaque nation est donc forcée d'avoir continuellement l'œil ouvert sur les desseins secrets des autres nations ; ce qui nécessite entr'elles un échange d'agents diplomatiques, soit sous le titre d'ambassadeurs, soit sous telle autre qualification. Ils sont envoyés en apparence comme gage de concorde et d'amitié, mais réellement pour se surveiller réciproquement.

Dès que le représentant d'une nation en pays étranger s'aperçoit qu'il s'y prépare quelqu'opération contraire aux droits de sa patrie, il communique ses observations au gouvernement près duquel il est accrédité ; alors se font les actes diplomatiques propres à obtenir des éclaircissements, et à rassurer contre les soupçons qui ont été conçus avec plus ou moins de fondement. Si les voies de conciliation ne mènent pas à un but satisfaisant, la rupture éclate entre les deux gouvernements. Le plus souvent il s'ensuit une prise d'armes de part et

d'autre; car la force est le seul moyen de vider la contestation; et malheureusement les
décisions de la force ne sont pas toujours conformes à la justice.

Une autre vérité, pareillement affligeante,
est que les gouvernements sont ordinairement
comme la plupart des particuliers, moins occupés du maintien de leurs droits, que de se
procurer de plus grands avantages au détriment
d'autrui. Voilà pourquoi la science politique
est devenue si compliquée, et que l'art de la
diplomatie est si difficile à pratiquer. Quand de
toutes parts il y a tendance à usurper pour soi,
il ne peut manquer de s'élever de fréquentes
discussions à main armée. D'après l'expérience, comme le dit un des doyens de la diplomatie, l'état de paix entre les nations n'est
qu'un intervalle pour se préparer à la guerre.
Comment n'être pas de son avis, quand on voit
que depuis le traité de Westphalie, signé au
milieu du dix septième siècle, la guerre a
éclaté treize fois en Europe dans un intervalle
de cent soixante-cinq ans; en sorte qu'elle n'a
joui de la tranquillité que pendant l'espace de
soixante-quinze ans, divisés en treize portions
très-inégales ?

On se tromperait étrangement si l'on s'arrêtait aux déclarations des puissances belligérantes, pour connaître les véritables motifs qui les déterminent à faire marcher leurs troupes. Le peu de bonne foi qu'elles mettent dans les explications qui précèdent la rupture, les porte également à déguiser aux peuples les secrets desseins qu'elles se proposent. Les manifestes qu'elles publient sont rédigés dans le but unique de voiler les véritables causes du fléau qu'elles répandent sur la terre. Prenons pour exemple les treize guerres qui ont désolé l'Europe depuis 1648. Si l'on en croit les déclarations publiées, quatre seulement devraient être attribuées à des haines et à des jalousies personnelles; cinq auraient été entreprises pour querelles de successions à des couronnes; trois auraient eu lieu pour rivalité de commerce; et la dernière aurait eu pour but de réprimer les effets de la révolution française. Mais, sans examiner ce qu'il y a de vrai et de juste dans les divers manifestes, on sait qu'ils ne donnent que des prétextes qui ont plus ou moins d'apparence, selon qu'ils sont rédigés avec plus ou moins de talent. Pour avoir les vraies causes de ces guerres, il faut les chercher dans un concours de circonstances dont l'étude est le propre du savant politique : elles lui font découvrir les vues ambitieuses des puissances qui ont occasionné tant de malheurs.

Quels que soient les motifs des guerres, les événements qu'elles produisent, l'épuisement soit de l'une des parties belligérantes, soit de toutes à la fois, conduisent nécessairement tôt ou tard au rapprochement des puissances ennemies. Alors des plénipotentiaires sont chargés de négocier ; chacun dissimule le besoin où est sa nation de terminer les combats ; des défiances respectives règnent dans les communications ; la bonne foi ne s'y montre presque jamais, et ce n'est qu'après avoir épuisé toutes les ressources fournies par l'art de la diplomatie, que l'impossibilité de poursuivre les hostilités, ou quelquefois l'habileté des négociateurs triomphe des obstacles. Le traité, qui presque jamais ne satisfait toutes les parties intéressées, n'est le plus souvent, qu'une nouvelle cause de guerre. Le gouvernement qui n'aura pas obtenu ce qu'il désirait, rompra la paix sous le prétexte qu'il imaginera, dès qu'il se croira en état de reprendre les armes.

Concluons de ces réflexions, que les nations qui abandonnent à leurs chefs le droit de transiger secrètement sur les relations extérieures, sont constamment victimes des passions ou de l'inhabileté de ceux en qui elles ont ainsi une aveugle confiance. Pour qu'il ne s'entreprît aucune guerre qui ne fût juste et d'un intérêt vraiment national, il faudrait que le peuple, dans l'assemblée de ses représentants, pût discuter les points qui concernent ses rapports avec les autres peuples. Alors le gouvernement ne pourrait rien arrêter sur des matières aussi importantes, que conformément aux bases publiquement déterminées par une loi. Alors tous les objets de la politique seraient à découvert; la diplomatie n'aurait aucun besoin de dissimulation; ses actes tendraient franchement à un but bien connu, et ne donneraient jamais lieu à la méfiance des puissances étrangères, dont les détours et les manœuvres adroites deviendraient inutiles. Avec une pareille institution, sans doute qu'il faudrait se résoudre à ne demander dans les relations extérieures que ce qui est juste. Une nation qui ne veut que le maintien de ses droits, et qui a la sage précaution de se tenir toujours en état de les défendre, ne doit pas craindre de réduire sa politique à n'être autre chose que l'application des principes de l'équité. Ses agents diplomatiques n'en exerceraient pas moins une surveillance active sur les desseins des autres gouvernements, et la publicité donnée dans l'assemblée des représentants à tout ce qu'on apercevrait de contraire au droit des gens, rendrait bientôt vaines toutes les finesses diplomatiques des cours. Elles seraient forcées de déclarer, sans détour et sans délai, si elles entendent se renfermer dans les limites des engagements formés par la nature, ou convenus soit expressément par des traités, soit tacitement par l'usage.

Le vœu que je fais ici n'est pas impraticable; déjà il avait été réalisé par l'assemblée nationale de France. Elle avait établi dans sa constitution de 1791, que la guerre ne pourrait être déclarée, et qu'aucun traité ne pourrait être fait avec les puissances étrangères sans autorisation donnée par les représentants de la nation. Les événements n'ont pas permis que tout ce qu'il y avait de sage dans cette constitution fût maintenu; ce n'est pas à moi qu'il convient de prononcer sur de si graves intérêts. Mon devoir, dans un ouvrage de pure théorie où les

584

éléments de la science doivent être énoncés dans toute leur pureté, était de dire en quoi consiste le véritable but de la politique, et par quelles améliorations, quoique inespérées, on peut faire disparaître les obstacles qui empêchent d'y parvenir.

FIN DU PREMIER VOLUME.

CHAPITRE III.

Du droit positif, page 226

CHAPITRE IV.

Du droit des gens, 274

388

FIN DE LA TABLE.